# ÉDITORIAL

Pris dans une nuée d'informations, étourdis par un bourdonnement incessant. Telle est la sensation qui nous saisit lorsque notre regard peine à se détourner d'un écran, happé par le flux de publications jusqu'à perdre la notion du temps. Mais pour quel contenu ? Des titres racoleurs qui aimantent notre attention sans satisfaire la curiosité qu'ils ont suscitée. Des émissions où l'envie d'informer laisse place à la polémique et aux batailles d'éditorialistes... Ces recettes ont un objectif : toujours plus d'audience ou plus de clics.

En 2022, onze milliardaires se partageaient 81,3 % de la diffusion de la presse quotidienne nationale, 57 % des parts d'audience de télévision et 47 % de celles de la radio. Depuis, le phénomène ne fait que s'accentuer. Cet appétit n'est pas sans arrière-pensées : poussée d'un certain agenda politique ici, transformation à marche forcée de la ligne éditoriale là... Et même quand la retenue est de mise, les pressions financières poussent les rédactions à troquer l'information pour le divertissement.

Tandis que certains consolident leurs empires, d'autres font leur entrée dans la cour des grands. C'est le cas de Rodolphe Saadé, depuis peu propriétaire de BFM-TV et de RMC. Ainsi, à mesure que les médias se concentrent – au détriment de la liberté d'informer, de la qualité des contenus et de la pluralité –, l'envie se fait de plus en plus pressante d'éteindre l'écran pour faire cesser le bourdonnement.

SOMMAIRE

À LA UNE

CHRONIQUES

## enquêtes

BOUYGUES
TF1
LCI
BOLLORÉ
CNEWS
CANAL+
BFM TV.
CMA CGM

departement
du Doubs

## EN LIEUX SÛRS

**Membre du Tiers-lieu Sud Touraine, c'est avec grand plaisir que j'ai lu l'exemplaire de *La Revue Dessinée* numéro #43 que vous nous avez envoyé. Je trouve votre concept original, ludique et performant pour sensibiliser le public aux sujets de société que vous abordez. J'apprécie particulièrement les touches d'humour, les infographies et les témoignages qui jalonnent votre ouvrage. C'est un plaisir pour les yeux de notre équipe de salariés et de bénévoles que de voir trôner votre ouvrage sur la bibliothèque partagée de notre salle de réunion. Merci encore et longue vie à *La Revue Dessinée !* Clément**

Merci à vous d'avoir pris le temps de nous répondre et de partager votre enthousiasme à la découverte de notre revue ! Et si, vous aussi, chers lecteurs et chères lectrices, donnez de votre énergie à un tiers-lieu, un café associatif ou toute autre initiative de ce genre à travers la France, n'hésitez pas à nous demander de vous envoyer un exemplaire de *La Revue Dessinée* afin de la faire découvrir aux personnes qui fréquentent votre lieu.

## PAPIER GÂCHÉ ?

**Cela fait bientôt six ans que je vous lis avec beaucoup de plaisir et d'assiduité. Je vous remercie pour la qualité et la diversité de vos reportages qui mettent en regard de nombreux aspects de notre société, trop souvent tus. Cependant, j'aimerais revenir avec vous sur un point qui me questionne. À quoi sert réellement le dessin cartonné de l'artiste ayant mis en image votre couverture, systématiquement glissé dans la revue ? Vous faisiez remarquer dans votre numéro #41 l'impact écologique et économique de la crise du papier, n'y a-t-il pas là un moyen simple d'y remédier un peu en supprimant ce petit supplément qui, pour mon cas, finit régulièrement dans la poubelle de tri ? Jérémie**

Cher Jérémie, vous évoquez là l'ex-libris que nous offrons aux personnes abonnées à chaque numéro – et absent, donc, des exemplaires de librairie. La mise en lumière de dessinateurs et de dessinatrices est, avec la pertinence journalistique, l'un des fondements de *La Revue Dessinée*. Nos couvertures sont des créations uniques, que l'ex-libris permet d'apprécier à l'état pur. Certains les collectionnent, d'autres en font des cartes de vœux – et n'hésitent pas à réclamer leur dû lorsqu'il ne leur a pas été adressé ! C'est pourquoi, en dépit de la crise du papier, nous avons à cœur de continuer à vous les proposer.

DESSINS : AURORE PETIT

## Compagnons d'infortune

À l'automne 2019 nous publiions dans notre numéro #25 « À l'ombre de l'abbé Pierre », une enquête sur l'envers du système Emmaüs, avec un droit du travail taillé sur mesure, souvent au détriment des compagnons. Nous abordions aussi la toute-puissance des responsables de communautés, l'absence de garde-fous et les dérives que cela peut engendrer. Depuis, la situation semble n'avoir guère changé. Dans le Nord, une cinquantaine de compagnons dénoncent depuis l'été 2023 leurs conditions de vie dégradées : soupçons de maltraitances, harcèlement, logements insalubres. *« Rendez-nous l'abbé Pierre ! »* clament certains. En juin 2024, cinq ans après notre bande dessinée, l'émission *Complément d'enquête* a mis elle aussi au jour les limites de cette organisation.

## Erreur sur la personne

Une erreur s'est glissée dans les pages de notre numéro #44. Dans le prolongement du sujet « Mères en pleine tempête », nous donnions la parole à Magda Jouini, membre du collectif Front de mères. Or, c'est la photographie de Fatima Ouassak, elle aussi membre et fondatrice de ce collectif, qui accompagnait sa biographie. Toutes nos excuses à celle qui a donné de son temps pour cette interview et se découvre sous un autre visage.

## Agenda

**13-15 septembre**
**Fête de l'Humanité**
au **Plessis-Pâté (91)**
Retrouvez-nous pour la première fois à la Fête de l'Huma, au Village du livre.

**9-13 octobre**
**Les Rendez-vous de l'histoire**
à **Blois (41)**
Venez découvrir notre stand et assister à notre conférence autour du sujet « ... Et pour quelques degrés de moins », publié dans le numéro #44, en présence de la journaliste Cécile Cazenave.

**11-13 octobre**
**InnovaComiX**
à **Lugano (Suisse)**
Nous serons présents à la toute première édition de ce festival bilingue en compagnie de notre cousine *La Revue Dessinée Italia*.

**25-27 octobre**
**Quai des bulles**
à **Saint-Malo (35)**
Stand et conférences sont au programme comme tous les ans pour TOPO et *La Revue Dessinée,* au cœur de la cité bretonne.

**Pour nous suivre et nous contacter**
contact@larevuedessinee.fr
**larevuedessinee.fr**

NORMANDIE

# QUAND LA MER MONTE

En 1967, un immeuble de quatre étages était inauguré sur la dune de Soulac-sur-Mer, en Gironde, à quelques dizaines de mètres de l'océan. Un demi-siècle d'érosion plus tard, Le Signal était finalement détruit, neuf ans après avoir été entièrement évacué. La vie de ce bâtiment résume l'évolution de notre rapport à la mer sur une bonne partie des côtes françaises. Domestiquée, contrainte, l'eau prend sa lente revanche à mesure que son inexorable montée se poursuit. En Normandie, ce constat implacable a changé bien des mentalités : citoyens et élus sont nombreux, désormais, à vouloir repenser l'aménagement du littoral.

**Simon Gouin** **Jean Cremers**

CETTE ENQUÊTE A ÉTÉ RÉALISÉE EN PARTENARIAT AVEC LE MÉDIA GRAND FORMAT

DEPUIS TROIS ANS, ON PROPOSE AUX HABITANTS DE RÉCUPÉRER LEUR SAPIN DE NOËL.
ON LES MET ENSUITE AU PIED DES DUNES.
MICHÈLE COHEN, SECRÉTAIRE DE L'ASSOCIATION TRAIT DE CÔTE
PAR ENDROITS, ON A GAGNÉ PLUS D'UN MÈTRE CINQUANTE DE SABLE.
ET LES SAPINS SE RETROUVENT ENFOUIS SOUS LA DUNE.
PRÉSERVONS LES DUNES EMPRUNTONS LES ACCÈS PLAGES
AVEC LA MAIRIE, L'ASSOCIATION A AUSSI FAIT INSTALLER DES FASCINES,
DES TRESSAGES EN CHÂTAIGNIER POUR RETENIR LE SABLE.
TOUTES CES ACTIONS ONT UN MÊME OBJECTIF :
RALENTIR OU EMPÊCHER L'ÉROSION DE LA DUNE, REMPART FACE À L'INEXORABLE MONTÉE DES EAUX.

ON A VU LA DUNE PERDRE JUSQU'À DEUX MÈTRES EN QUELQUES ANNÉES.
DANS LA RÉGION, LA CRAINTE D'UNE TEMPÊTE AVEC DE FORTS VENTS D'OUEST ET UNE GRANDE MARÉE EST PARTICULIÈREMENT VIVE.
LE SCÉNARIO N'A RIEN D'INCONGRU.

FÉVRIER 2020
EN UNE SEMAINE, TROIS TEMPÊTES S'ABATTENT SUR LES CÔTES DE LA MANCHE.

À GOUVILLE-SUR-MER, L'ATTAQUE RÉPÉTÉE DES VAGUES FAIT S'EFFONDRER UNE PARTIE DE LA DUNE ET DE LA ROUTE.
DANGER CHANTIER

LA SEMAINE SUIVANTE, ÉLISABETH BORNE, ALORS MINISTRE DE L'ENVIRONNEMENT, FAIT LE DÉPLACEMENT.

ON NE VA PAS OUBLIER DE TRAITER L'URGENCE,
MAIS IL FAUT AUSSI PENSER AU MOYEN TERME CAR LA MER EST PLUS FORTE QUE NOUS.

SUR LA COMMUNE, DEUX CAMPINGS, UN PRIVÉ ET UN MUNICIPAL, SONT EN PREMIÈRE LIGNE.
JUSTE DERRIÈRE, UNE ZONE OSTRÉICOLE EST POTENTIELLEMENT MENACÉE SI LA MER PÉNÉTRAIT DANS LES TERRES.
L'UNE DES PISTES POUR CONTRER CE RISQUE CONSISTE À FREINER SON AVANCÉE.
LA PETITE VILLE A D'ABORD CHOISI DE DISPOSER DE GROS TUBES GÉOTEXTILES SUR LA PLAGE.
DEVANT LA DUNE, DES ROCHERS ONT ÉTÉ DÉPOSÉS.
APRÈS LES TEMPÊTES DE 2020,
UN NOUVEL ENROCHEMENT A ÉTÉ DISPOSÉ PAR LA MUNICIPALITÉ, CONTRE L'AVIS DE L'ÉTAT QUI NE VOYAIT PAS CETTE INITIATIVE D'UN BON ŒIL.

L'APPROCHE EST LA MÊME À AGON-COUTAINVILLE, À DIX KILOMÈTRES AU SUD DE GOUVILLE.
CETTE COMMUNE, CONSTRUITE FACE À LA MER GRÂCE À DES DIGUES, A ELLE AUSSI MISÉ SUR LES ENROCHEMENTS.
35 000 TONNES DE BLOCS DE GRANIT ONT ÉTÉ DÉPOSÉES ENTRE 2015 ET 2017.
MAIS AUX EXTRÉMITÉS DES ENROCHEMENTS, LE SABLE S'ÉRODE PLUS RAPIDEMENT QU'AILLEURS, ET CELA AGGRAVE LA SITUATION.
VOUS SAVEZ, LA MER QUI MONTE ET QUI DESCEND...
MICHEL PFEIFFER, ADJOINT AU MAIRE CHARGÉ DU LITTORAL
... C'EST LA VIE DU MONDE.

RÉGULIÈREMENT, LA COMMUNE RÉENSABLE SES PLAGES.
C'EST COÛTEUX : PRÈS DE 40 000 EUROS POUR 10 000 MÈTRES CUBES DE SABLE RÉCOLTÉS À QUELQUES KILOMÈTRES.
ET TEMPORAIRE : IL FAUT RECOMMENCER TOUS LES ANS.
ON A MIS EN PLACE DES RANGÉES DE POTEAUX, AU NORD.
BON, CE N'EST PAS LA PANACÉE...
MAIS ÇA CASSE LES VAGUES ET ÇA BLOQUE LE SABLE QU'ELLES REMUENT.
À COURT TERME, CE QUE CRAINT MICHEL PFEIFFER, C'EST UN RISQUE DE SUBMERSION,
DE L'EAU QUI PÉNÉTRERAIT DANS LES HABITATIONS LE TEMPS D'UNE GRANDE MARÉE.

FACE À LA MER, DES MAISONS SONT ENCORE BÂTIES.
DES PERMIS ONT ÉTÉ ACCORDÉS AU COURS DES DERNIERS MOIS.
AVIS D'URBANISME :
POUR LE MOMENT, LE PLAN LOCAL D'URBANISME INTERCOMMUNAL (PLUI) N'INTERDIT PAS LA CONSTRUCTION DANS CETTE ZONE.
LORS DE SA RÉVISION, LES CONDITIONS VONT DEVENIR PLUS RIGOUREUSES...
CERTAINS HABITANTS L'ANTICIPENT EN LANÇANT DES PROJETS AVANT QUE CE NE SOIT PLUS POSSIBLE.
CAR LES MAISONS AVEC VUE SUR MER CONTINUENT À FAIRE RÊVER.

* GROUPE D'EXPERTS INTERGOUVERNEMENTAL SUR L'ÉVOLUTION DU CLIMAT.

* PHÉNOMÈNE CLIMATIQUE NATUREL RÉCURRENT QUI S'EST NOTAMMENT ÉTENDU DE JUIN 2023 À MAI 2024. IL A ENTRAÎNÉ UNE HAUSSE INHABITUELLE DES TEMPÉRATURES, AUX CONSÉQUENCES MULTIPLES. ** « LA HAUSSE DU NIVEAU DES OCÉANS S'EST ACCÉLÉRÉE ENTRE 2022 ET 2023, SELON LA NASA », « LE MONDE », 22 MARS 2024.

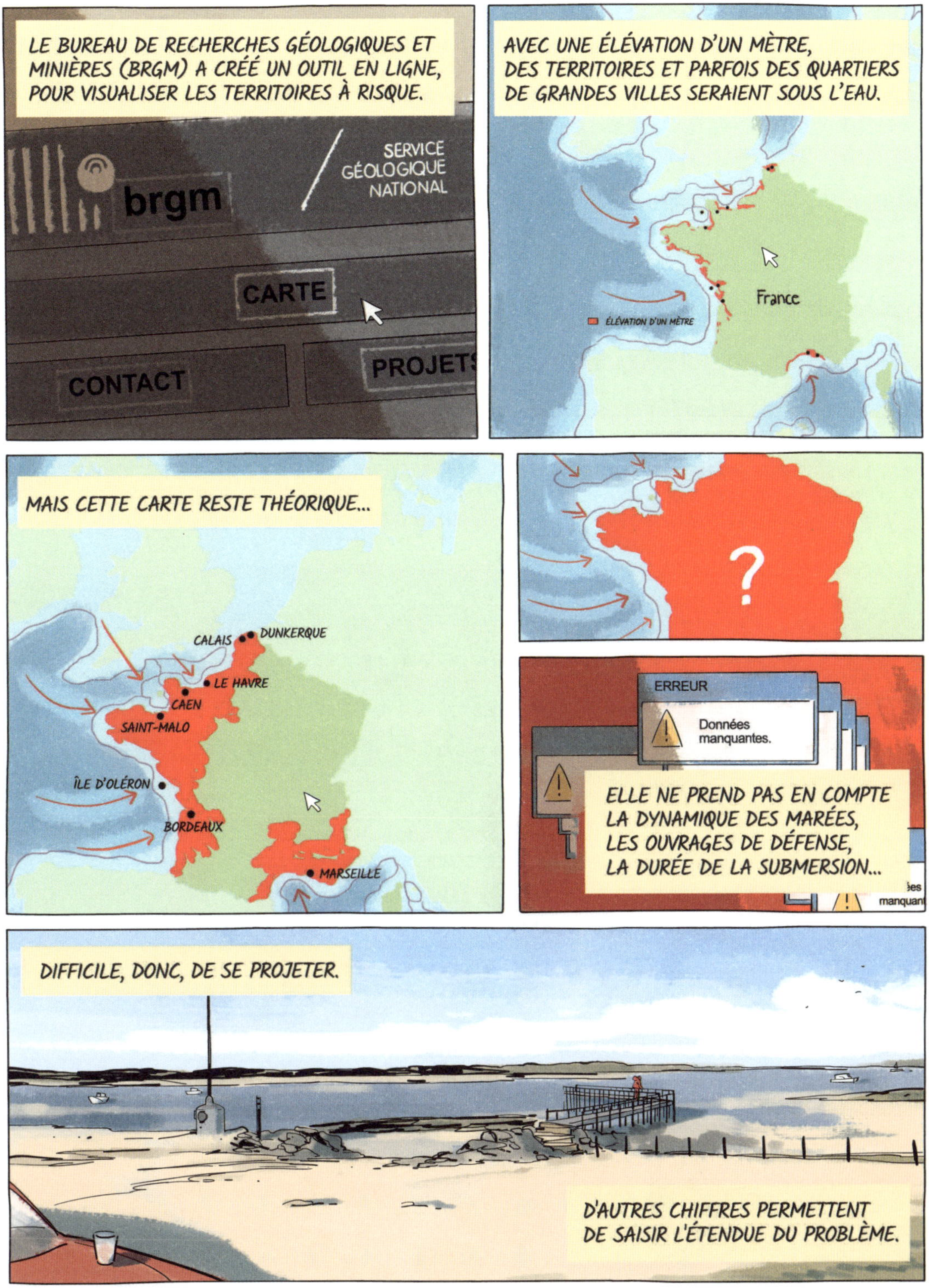
LE BUREAU DE RECHERCHES GÉOLOGIQUES ET MINIÈRES (BRGM) A CRÉÉ UN OUTIL EN LIGNE, POUR VISUALISER LES TERRITOIRES À RISQUE.
brgm
SERVICE GÉOLOGIQUE NATIONAL
CARTE
CONTACT
PROJET
AVEC UNE ÉLÉVATION D'UN MÈTRE, DES TERRITOIRES ET PARFOIS DES QUARTIERS DE GRANDES VILLES SERAIENT SOUS L'EAU.
ÉLÉVATION D'UN MÈTRE
France
MAIS CETTE CARTE RESTE THÉORIQUE…
CALAIS
DUNKERQUE
LE HAVRE
CAEN
SAINT-MALO
ÎLE D'OLÉRON
BORDEAUX
MARSEILLE
?
ERREUR
Données manquantes.
ELLE NE PREND PAS EN COMPTE LA DYNAMIQUE DES MARÉES, LES OUVRAGES DE DÉFENSE, LA DURÉE DE LA SUBMERSION…
DIFFICILE, DONC, DE SE PROJETER.
D'AUTRES CHIFFRES PERMETTENT DE SAISIR L'ÉTENDUE DU PROBLÈME.

1. COMMISSARIAT GÉNÉRAL DU DÉVELOPPEMENT DURABLE, JANVIER 2023.

DES DUNES QUI S'ÉRODENT, DES TEMPÊTES VIOLENTES, UNE MER QUI MONTE PETIT À PETIT...
LES BOULEVERSEMENTS CLIMATIQUES SONT BIEN SÛR À L'ŒUVRE DANS CES PHÉNOMÈNES.
MAIS LES OUVRAGES D'ORIGINE HUMAINE FONT ÉGALEMENT PARTIE DE L'EXPLICATION.
À QUELQUES KILOMÈTRES AU NORD DE GOUVILLE, LA MER PÉNÉTRAIT DANS LA TERRE,
Havre de Geffosses
JUSQU'À LA CONSTRUCTION EN 1972 D'UN PONT-DIGUE, DEVENU AUJOURD'HUI LA ROUTE TOURISTIQUE DU LITTORAL MANCHOIS.
DEUX BUSES ONT ÉTÉ INSTALLÉES SOUS LE PONT POUR LAISSER PASSER L'EAU. MAIS LA MER RESTE EN PARTIE BLOQUÉE PAR CET OUVRAGE.

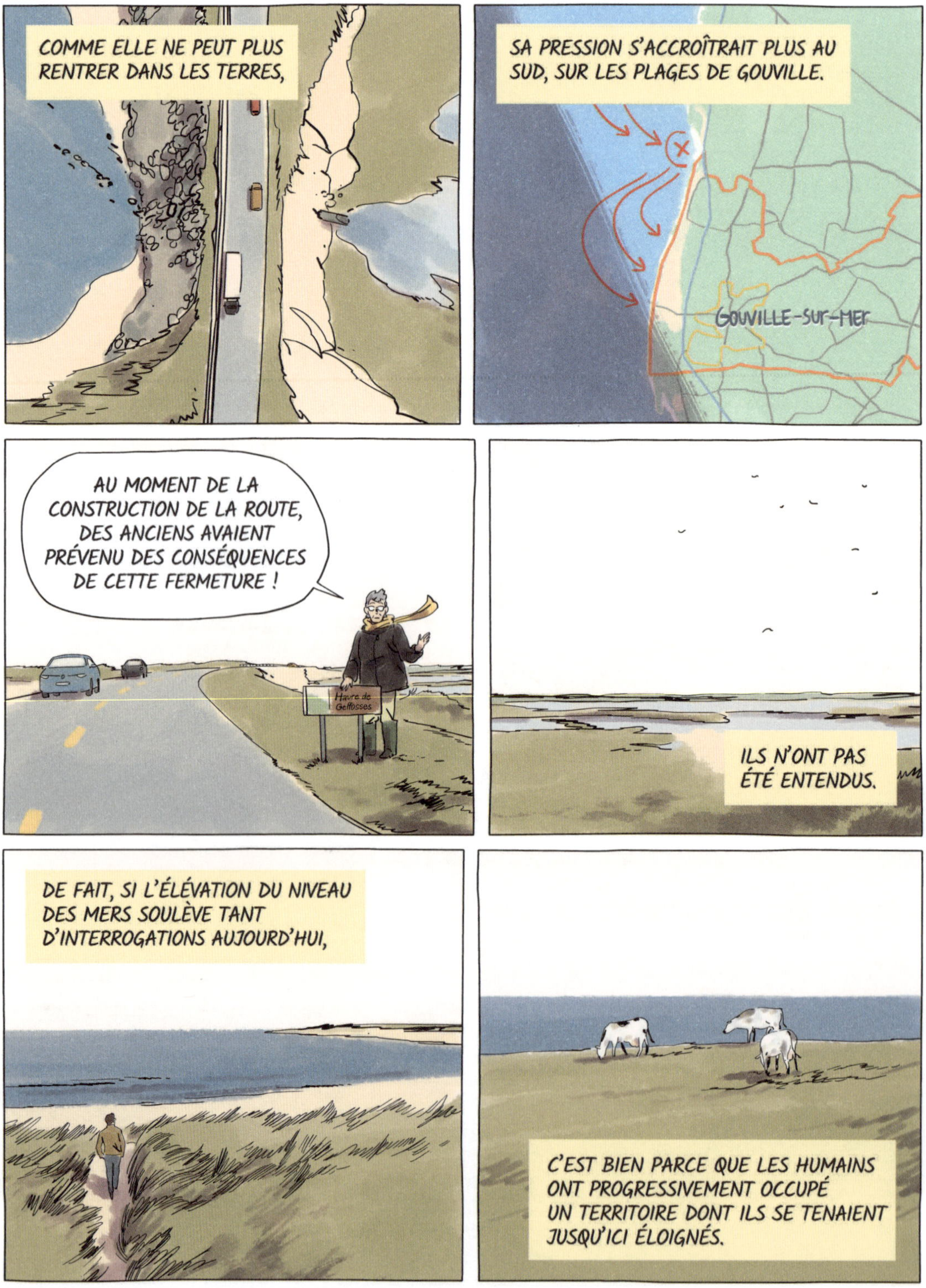
COMME ELLE NE PEUT PLUS RENTRER DANS LES TERRES,
SA PRESSION S'ACCROÎTRAIT PLUS AU SUD, SUR LES PLAGES DE GOUVILLE.
GOUVILLE-SUR-MER
AU MOMENT DE LA CONSTRUCTION DE LA ROUTE, DES ANCIENS AVAIENT PRÉVENU DES CONSÉQUENCES DE CETTE FERMETURE !
Havre de Geffosses
ILS N'ONT PAS ÉTÉ ENTENDUS.
DE FAIT, SI L'ÉLÉVATION DU NIVEAU DES MERS SOULÈVE TANT D'INTERROGATIONS AUJOURD'HUI,
C'EST BIEN PARCE QUE LES HUMAINS ONT PROGRESSIVEMENT OCCUPÉ UN TERRITOIRE DONT ILS SE TENAIENT JUSQU'ICI ÉLOIGNÉS.

À LA FIN DU XIXe SIÈCLE, LE TOURISME A COMMENCÉ À SE DÉVELOPPER, ET LES STATIONS BALNÉAIRES AVEC.
Regnéville-sur-Mer
ÉTIENNE D'ANGLEJAN, ARCHITECTE ET CHEF DE PROJET RÉSILIENCE ET RECOMPOSITION DU LITTORAL, À COUTANCES MER ET BOCAGE
JUSQU'ALORS, LES USAGES DU LITTORAL ÉTAIENT PASSAGERS,
ON ALLAIT Y DÉPOSER SES CASIERS EN OSIER POUR CAPTER LE POISSON, ON Y EXTRAYAIT DE LA TANGUE POUR FERTILISER LES TERRES, ON Y FAISAIT PÂTURER SES ANIMAUX... MAIS SANS JAMAIS S'Y INSTALLER.
LES CENTRES-BOURGS ÉTAIENT CONSTRUITS SUR LES HAUTEURS, À DISTANCE DE LA MER.
LES ANNÉES 1950 VOIENT SE DÉVELOPPER UNE URBANISATION DES ZONES BASSES.

ON A CONSTRUIT DANS DES SECTEURS OÙ L'ON SAVAIT QU'IL Y AVAIT DES RISQUES.
EN CONTREBAS, DES PRÉS-SALÉS OÙ PAISSENT DES MOUTONS SONT DÉSORMAIS MENACÉS DE SUBMERSION,
COMME LA FERME QUI LES EXPLOITE.
BÊÊÊH
ON TRAVAILLE AVEC LE CONSERVATOIRE DU LITTORAL POUR ACQUÉRIR LA FERME À L'AMIABLE.
IL FAUDRA ENSUITE ACCOMPAGNER LES AGRICULTEURS DANS UN PROJET DE RELOCALISATION.
L'OBJECTIF EST DE TROUVER LE BON ÉQUILIBRE ENTRE LA SAUVEGARDE D'ACTIVITÉS ÉCONOMIQUES ET L'ANTICIPATION DES RISQUES.
ET DE GAGNER DU TEMPS FACE À LA CATASTROPHE.

LES RÉPONSES, POUR L'INSTANT, NOUS NE LES AVONS PAS.
LOUIS TEYSSIER, MAIRE DE BLAINVILLE-SUR-MER, COMMUNE SITUÉE ENTRE GOUVILLE ET AGON-COUTAINVILLE
NOUS AVONS BESOIN DE BEAUCOUP DE COMPÉTENCES ET D'HUMILITÉ.
IL FAUDRA EXPÉRIMENTER, SE TROMPER, APPRENDRE DE NOS ERREURS, NOUS CORRIGER.
DE CHAQUE CÔTÉ DE LA CALE DE BLAINVILLE, ON CONSTATE LE PHÉNOMÈNE SUIVANT :
AU NORD, LA MER EMPORTE LE SABLE. LES ROCHERS DÉPOSÉS POUR PROTÉGER LA DIGUE RISQUENT DE SE DISPERSER, ET DE NE PLUS PROTÉGER LE RESTAURANT INSTALLÉ AU-DESSUS.
AU SUD, LE SABLE S'ACCUMULE, POUSSÉ PAR LES COURANTS.

FACE À LA MONTÉE DES EAUX, L'ÉTAT SOUTIENT LE TERRITOIRE GRÂCE À UN PROJET PARTENARIAL D'AMÉNAGEMENT (PPA) DU LITTORAL.
LACANAU ET SAINT-JEAN-DE-LUZ, EN NOUVELLE-AQUITAINE, BÉNÉFICIENT AUSSI DE CETTE AIDE.
DANS LA MANCHE, 5 MILLIONS D'EUROS ONT ÉTÉ VOTÉS POUR SOUTENIR LES PROJETS DE GOUVILLE, BLAINVILLE ET AGON-COUTAINVILLE DONT 50 % SERONT FINANCÉS PAR L'ÉTAT.
ICI, LA PREMIÈRE PHASE CONSISTE À RÉCOLTER DES CONNAISSANCES.
LE BUT, C'EST D'EMMENER TOUTE LA POPULATION SUR LES SOLUTIONS QUI SERONT CHOISIES.

DES PISTES D'ACTION APPARAISSENT.
FAUDRA-T-IL TRANSFORMER LA ROUTE QUI BOUCHE LE HAVRE DE GEFFOSSES EN UN PONT, POUR LAISSER À NOUVEAU LA MER RENTRER DANS LES TERRES ?
RELOCALISER LE CAMPING DE GOUVILLE DANS LES TERRES ET CRÉER UNE COULÉE VERTE JUSQU'À LA MER ?
DÉPLACER CERTAINES ENTREPRISES CONCHYLICOLES ?
FAUDRA-T-IL QUE LES COLLECTIVITÉS ACHÈTENT DES BIENS MENACÉS PAR LA MONTÉE DES EAUX, POUR LES DÉTRUIRE ? AVEC QUELS FONDS ?
L'INDEMNISATION DES PROPRIÉTAIRES EST L'UNE DES QUESTIONS CENTRALES : L'ÉTAT EN AURA-T-IL LES MOYENS ?

QUIBERVILLE, SEINE-MARITIME
EN 1999, UNE TEMPÊTE VIENT DE DÉVASTER LA FRANCE.
L'ACCUMULATION DES PRÉCIPITATIONS ET UNE MER DÉCHAÎNÉE PROVOQUENT DES INONDATIONS HISTORIQUES.
JUSQUE-LÀ, JE PENSAIS QU'ON POUVAIT MONTRER À LA NATURE CE QU'ON SAVAIT FAIRE !
BÉTONNER LA PLAGE, FAIRE DES ENROCHEMENTS, DÉPOSER DES GALETS...
JEAN-FRANÇOIS BLOC, MAIRE DE QUIBERVILLE
CELUI QUI EST NÉ ICI A VU LA MER AVANCER ET DÉBOULONNER LES FALAISES.
À CERTAINS ENDROITS, ELLES ONT RECULÉ DE 60 À 70 MÈTRES.
ON NE PEUT PAS BÉTONNER TOUT LE TRAIT DE CÔTE, COMME CELA A ÉTÉ FAIT AU PIED DE CERTAINES FALAISES.
AU NORD DE DIEPPE, À CRIEL-SUR-MER, UN PAN D'UNE FALAISE S'EST EFFONDRÉ À L'AUTOMNE 2023.

* JUSQU'AU MOYEN ÂGE, LA MER RENTRAIT JUSQU'AU VILLAGE DE LONGUEIL, À CINQ KILOMÈTRES DANS LES TERRES.

DANS LE MÊME TEMPS, IL A ÉTÉ DÉCIDÉ D'OUVRIR LA DIGUE CONSTRUITE SUR 400 MÈTRES LE LONG DE LA PLAGE.
À LA FIN DE L'ANNÉE, LA MER POURRA PASSER SUR UNE LONGUEUR DE DIX MÈTRES, SOUS LA DIGUE.
ASSEZ POUR QUE L'EAU DE LA VALLÉE S'ÉVACUE EN CAS DE TROP-PLEIN,
ET QUE LA MER PUISSE ELLE AUSSI RENTRER DANS LES TERRES EN CAS DE TEMPÊTE.
CETTE ROUTE-LÀ, MOI JE NE VOUS DIS PAS QU'EN 2050 OU 2060 ELLE SERA TOUJOURS LÀ.
À UN MOMENT DONNÉ, CE SERA PLUS SIMPLE POUR NOS SUCCESSEURS D'OUVRIR ENCORE PLUS.
TOUT ÇA, C'EST BIEN BEAU...
MAIS LES MOUSTIQUES ? IL VONT PROLIFÉRER !
EUH...
IL N'Y AURA PAS PLUS D'EAU STAGNANTE.

AU CONTRAIRE...
CAMILLE SIMON, CHEFFE DU PROJET TERRITORIAL DE LA SAÂNE AU CONSERVATOIRE DU LITTORAL
LA RECONNEXION VA FAVORISER LA PRÉSENCE DE NOUVELLES ESPÈCES DE POISSONS.
DES POISSONS QUI...
QUI SE NOURRISSENT DE MOUSTIQUES !
ET LES ARBRES ?
ILS VONT DISPARAÎTRE ?
NON ! APRÈS LES TRAVAUX, DANS QUELQUES ANNÉES,
LES LIEUX SERONT BIEN PLUS RICHES EN MATIÈRE DE BIODIVERSITÉ !
POUR L'INSTANT, AUCUNE SOLUTION DE RELOGEMENT N'A ÉTÉ TROUVÉE POUR DES BUNGALOWS INSTALLÉS 4 À 5 MÈTRES SOUS LE NIVEAU DE LA MER, DERRIÈRE LA DIGUE.

ET BEAUCOUP D'INCONNUES DEMEURENT SUR LES CONSÉQUENCES DE CE PROJET.
JUSQU'OÙ LA MER VA-T-ELLE AVANCER ? QUELLES SERONT LES CONSÉQUENCES DE LA SALINISATION DE CES ESPACES ?
DES ESPÈCES VONT PROBABLEMENT APPARAÎTRE, DES BARS VONT REMONTER LE COURANT ET VENIR S'INSTALLER.
DES OISEAUX MIGRATEURS DEVRAIENT AUSSI PROFITER DE LA RENATURATION DE CETTE BASSE VALLÉE.
MALGRÉ NOS PROJECTIONS,
ON NE SAIT PAS PRÉCISÉMENT CE QU'IL VA SE PASSER D'UN POINT DE VUE HYDRAULIQUE...
... NI POUR LA FAUNE ET LA FLORE.

ON AURAIT PU LAISSER LA PATATE CHAUDE À CEUX QUI VIENNENT APRÈS NOUS.
ON AURAIT ENCORE 400 000 EUROS DE CÔTÉ !
DANS CES PROJETS, ON EST TAXÉ SOIT DE VISIONNAIRE, SOIT DE FOU.
MAIS LA POPULATION EST DÉSORMAIS CONSCIENTE DE CES PHÉNOMÈNES CLIMATIQUES.
J'AI EU DE LA CHANCE D'AVOIR UNE SORTE D'UNANIMITÉ AUTOUR DE MOI.
IL AURA FALLU DIX ANS POUR PARVENIR À METTRE SUR PIED CE PROJET D'ADAPTATION.
LES PROJECTIONS D'ÉLÉVATION DU NIVEAU DE LA MER N'ONT CESSÉ DE S'ACCROÎTRE, BOULEVERSANT PARFOIS LES PROJETS D'URBANISME.

CAEN, CALVADOS
À L'INTÉRIEUR DES TERRES, CAEN EST UNE ZONE PARTICULIÈREMENT VULNÉRABLE À LA MONTÉE DES EAUX.
ELLE EST CONNECTÉE AU MILIEU MARIN.
LA COMMUNAUTÉ D'AGGLOMÉRATION TRAVAILLAIT DEPUIS DES ANNÉES POUR CONSTRUIRE 2 500 NOUVEAUX LOGEMENTS DANS LE QUARTIER DE LA PRESQU'ÎLE, À DEUX PAS DU CENTRE-VILLE.
LE PROBLÈME, C'EST QUE CETTE ANCIENNE ZONE INDUSTRIELLE EST BORDÉE D'EAU.
D'UN CÔTÉ, LE CANAL RELIE LE PORT À LA MER,
DE L'AUTRE, L'ORNE S'Y JETTE.

* DANS UNE INTERVIEW ACCORDÉE AU JOURNAL « OUEST FRANCE » PAR SON DIRECTEUR.

MAIS EN JUIN 2023, LA COMMUNAUTÉ URBAINE DE CAEN LA MER A CRÉÉ LA SURPRISE EN DÉCIDANT DE RENONCER AU QUARTIER TEL QU'ELLE L'AVAIT IMAGINÉ,
AU MOMENT MÊME OÙ LES PREMIÈRES PARCELLES ALLAIENT ÊTRE COMMERCIALISÉES AUPRÈS DES PROMOTEURS IMMOBILIERS.
EST-CE QUE LES RISQUES D'INONDATION ALLAIENT FREINER LES POTENTIELS ACHETEURS DE CES FUTURS LOGEMENTS ?
MAIS PAS DU TOUT...
CE SONT LES ALERTES DES SCIENTIFIQUES QUI ONT PESÉ DANS CETTE DÉCISION.
LE RAPPORT DU GIEC A INDIQUÉ QUE DANS LE SCÉNARIO DU PIRE, C'EST UNE ÉLÉVATION DU NIVEAU DE LA MER DE PLUS DE CINQ MÈTRES QUI SURVIENDRAIT !
EMMANUEL RENARD, VICE-PRÉSIDENT DE CAEN LA MER

ON EST BOUSCULÉS, DÉSTABILISÉS PAR CES NOUVELLES DONNÉES.
SHH
WOW !
LE RESPECT DU CADRE RÉGLEMENTAIRE NE SUFFIT PLUS POUR ÉCLAIRER NOS DÉCISIONS.
SPLAF
DANS LES ANNÉES 2000, ON PENSAIT QUE LE RÉCHAUFFEMENT CLIMATIQUE, C'ÉTAIT UN RISQUE, PAS UNE CERTITUDE…
QUE CELA N'IRAIT PAS AUSSI VITE !
PLUTÔT QUE DES BÂTIMENTS EN DUR, CAEN LA MER DÉCIDERA-T-ELLE DE CONSTRUIRE DES BÂTIMENTS ÉPHÉMÈRES, SUR PILOTIS, D'UNE DURÉE DE VIE DE SOIXANTE-DIX ANS ?
LA MER EST DE TOUTE FAÇON PLUS FORTE QUE NOUS.
PLUTÔT QUE DE LUTTER CONTRE LA NATURE, ON ACCOMPAGNE ET ON ANTICIPE SON RETOUR.
C'EST LE SENS DE L'HISTOIRE, ÉTANT DONNÉ CE QUE NOUS ANNONCENT LES SCIENTIFIQUES.
RÉGIS LEYMARIE, DÉLÉGUÉ ADJOINT EN NORMANDIE DU CONSERVATOIRE DU LITTORAL

L'ADAPTATION N'EST PAS UNE PUNITION, MAIS IL FAUT QUE CHACUN ACCEPTE DE CHANGER SES HABITUDES.

SI LES MERS S'ÉLÈVENT DE PLUS DE CINQ MÈTRES, C'EST TOUT LE CENTRE-VILLE DE CAEN QUI EST MENACÉ.
PARTOUT, L'ACTION PUBLIQUE EST BOULEVERSÉE.

COMMENT ANTICIPER DÈS AUJOURD'HUI CE QUI POURRAIT ARRIVER DE PIRE EN 2100, OU APRÈS ?
LA QUESTION EST VERTIGINEUSE, POUR LES ÉLUS COMME POUR LES POPULATIONS CONCERNÉES.

À GOUVILLE, LE 9 AVRIL 2024
UNE PARTIE DES SAPINS DÉPOSÉS SUR LA PLAGE ONT ÉTÉ EMPORTÉS PAR UNE TEMPÊTE.
LES ENROCHEMENTS ONT ÉTÉ MALMENÉS, EUX AUSSI.
DEUX JOURS PLUS TARD, LES PELLETEUSES ÉTAIENT À L'ŒUVRE POUR RENFORCER LES OUVRAGES.

CEUX-CI TIENDRONT UN CERTAIN TEMPS...

JUSQU'À QUAND ?

# AUX GRANDES EAUX, LES GRANDS REMÈDES

Bien au-delà du cas normand, la montée des eaux est un problème aux quatre coins du monde. Suscitant des solutions spectaculaires... ou le déni.

### La folie Nusantara

Alors que près de la moitié de son territoire est déjà située sous le niveau de la mer, Jakarta s'enfonce un peu plus tous les ans et menace d'être totalement inondée à moyen terme. Pour sauver sa capitale, l'Indonésie a trouvé la solution : la déménager en créant une ville de toutes pièces, à plus de 1000 kilomètres de là, au beau milieu de la forêt et d'anciennes exploitations minières. Projet futuriste et ville volontiers vendue comme verte et durable, ce que de nombreuses associations écologistes contestent, Nusantara doit être achevée en 2045.

### Le flip à Miami

Connue pour ses plages paradisiaques, la Floride fait aussi souvent la une pour ses ouragans et ses inondations. Menacé par la crise climatique et la montée des eaux, cet État américain persiste à faire comme si de rien n'était : des centaines de camions réensablent les plages de Miami tous les ans, et les constructions neuves continuent d'être autorisées sur le littoral. Le niveau de la mer pourrait pourtant s'y élever de 1 mètre d'ici à la fin du siècle.

### Tuvalu et approuvé

De nombreux États insulaires sont menacés, comme Tuvalu, en Océanie, dont le territoire pourrait être totalement englouti d'ici à la fin du siècle. Ce petit pays a donc signé un traité avec l'Australie fin 2023. Cette dernière s'y engage, en cas de catastrophe naturelle, à accueillir les Tuvalais et à leur offrir un *«accès aux services australiens qui leur permettront une mobilité dans la dignité»*. Mais Tuvalu a dû en échange renoncer à une part de sa souveraineté sur les questions de sécurité et de défense, sur fond de rivalité régionale entre l'Australie et la Chine.

## Les néerlandais ont un plan

Aux Pays-Bas, la montée des eaux est une menace depuis toujours : près d'un tiers du territoire est situé sous le niveau de la mer, et le double est susceptible d'être inondé. Une longue liste d'installations – digues, barrages « antitempêtes », vannes... – a donc été mise en place depuis des décennies, comme le Maeslantkering, deux portes monumentales censées protéger Rotterdam de la mer du Nord. Le tout selon une logique planificatrice de domestication de l'eau toujours à l'œuvre : le gouvernement a lancé une étude de cinq ans qui a conclu récemment que le pays pouvait résister à une hausse de plusieurs mètres... à condition de coûteux travaux de réaménagement de ses digues et de ses lacs côtiers.

## Les Maldives veulent rester à flot

Alors que la plus grande partie de son territoire est située à 1 mètre au-dessus du niveau de la mer ou moins, au cœur de l'océan Indien, les Maldives construisent actuellement un petit archipel totalement artificiel. Une vraie ville flottante, composée de quelque 5000 habitations ancrées au fond du lagon et reliées entre elles. Ainsi, la montée des eaux ne serait plus une menace pour ces îles flottantes, qui suivraient paisiblement cette hausse inéluctable... Installée à quinze minutes de bateau de la capitale, Malé, Maldives Floating City devrait accueillir 20000 personnes, une dimension unique au monde pour ce genre de projet.

## À voir

***Sea Level Projection Tool,***
**du Bureau de recherches géologiques et minières. Une carte interactive qui simule les impacts de l'inéluctable montée des eaux. Imparfaite, mais glaçante.**
sealevelrise.brgm.fr

## Making-of

***« À notre arrivée à Agon-Coutainville, Simon et moi avons rencontré un vieil homme qui se promenait le long du quai avec un bâton. Nos regards se sont croisés et nous avons échangé quelques mots. Rien d'extraordinaire... jusqu'à ce qu'il aborde la montée des eaux sur les plages qui l'ont vu vieillir. D'un ton calme, il a dit :*** **"Oh, vous savez... la mer qui monte et qui descend, c'est la vie du monde."** ***Comme je suis anxieux de nature, ses mots m'ont soulagé. J'ai glissé ce vieillard dans une des planches, pour ne pas l'oublier. »*** **Jean Cremers**

Texte **Baptiste Bouthier** · Dessin **Malijo**

# La revue des cinés

**Moonlight de Barry Jenkins.** Le dramaturge étasunien Tarell Alvin McCraney a fait de sa vie une pièce. Un réalisateur s'y est reconnu, l'histoire est devenue un film en 2016. Oscarisée, l'œuvre a ému bien au-delà du seul continent américain.

**ANNICK KAMGANG**

... DANS UN ENVIRONNEMENT OÙ LA MASCULINITÉ EST INDISSOCIABLE...
LIBERTY CITY
Miami
... DE LA VIRILITÉ...
SALUT MEC !
... DE L'HÉTÉROSEXUALITÉ...
ELLE M'A CHAUFFÉ, JE L'AI PRISE PAR-DERRIÈRE ET JE L'AI DÉFONCÉE !
... ET DE LA BRUTALITÉ.

OR CHIRON, COMME MON PETIT FRÈRE, NE SE COMPORTAIT PAS « EN GARÇON ».
IL N'AIMAIT PAS LES JEUX BRUTAUX...

IL AVAIT DES « MANIÈRES DE FILLE »...

... ET IL N'ÉTAIT PAS ATTIRÉ PAR ELLES.

ALORS ON S'EST MOQUÉ DE LUI.
C'EST QUOI, UNE TAPETTE ?
C'EST UN MOT QU'ON UTILISE POUR RABAISSER LES HOMOSEXUELS.
MON PETIT FRÈRE A PEUT-ÊTRE ÉTÉ HARCELÉ COMME CHIRON, JE NE SAIS PAS TOUT.
ON NE PARLAIT PAS BEAUCOUP. COMME DANS LE FILM, IL Y A EU BEAUCOUP DE SILENCES, DE NON-DITS.
TU POURRAIS AU MOINS ME DIRE COMMENT TU T'APPELLES, OU ALORS OÙ TU HABITES.

LES GESTES ET LES EXPRESSIONS DES VISAGES, FILMÉS EN PLANS SERRÉS DANS LE FILM, EN DISENT PLUS QUE LES MOTS.
RIEN N'EST SIMPLE POUR CHIRON DANS LE CHEMIN VERS L'ACCEPTATION DE SOI.
IL TROUVE DU SOUTIEN AUPRÈS DE JUAN, QUI DEVIENT SON PÈRE DE SUBSTITUTION...
NE T'INQUIÈTE PAS, JE NE TE LÂCHE PAS, TU NE PEUX PAS COULER, JE TE TIENS.
... MAIS IL APPREND QUE CELUI-CI VEND DE LA DROGUE À SA MÈRE.
KEVIN, SON AMI DE TOUJOURS, L'EMBRASSE UN SOIR...
... PUIS LE FRAPPE EN PUBLIC LE LENDEMAIN.

ALORS, CHIRON SE CONSTRUIT UNE CARAPACE. LE GAMIN PUIS L'ADOLESCENT FRÊLE DEVIENT UN ADULTE VIRIL ET SÛR DE LUI EN APPARENCE...
LITTLE
CHIRON
BLACK
MAIS DANS « MOONLIGHT », COMME DANS LA VIE, ON PEUT AUSSI ESSAYER DE RENOUER LES LIENS...
JE SUIS DÉSOLÉ MEC, VRAIMENT.
... SE DIRE PUDIQUEMENT QU'ON S'AIME, AVEC DES GESTES, AVEC DES REGARDS, AVEC DE LA MUSIQUE.

JE NE SAURAI JAMAIS TOUT CE QUE MON PETIT FRÈRE A TRAVERSÉ, MAIS « MOONLIGHT » A CAPTÉ AVEC JUSTESSE L'HOMOPHOBIE DE L'ENVIRONNEMENT DANS LEQUEL ON A PARTIELLEMENT GRANDI.
ET AU-DELÀ DE L'HISTOIRE DE MON FRÈRE, « MOONLIGHT » A RÉUSSI, POUR UN FILM QUI SE DÉROULE DANS LES GHETTOS AFRO-AMÉRICAINS, À RACONTER LA VIE DE PERSONNAGES NOIRS AU-DELÀ DES STÉRÉOTYPES, DANS TOUTE LEUR COMPLEXITÉ, DANS TOUTE LEUR BEAUTÉ, ET SANS UNE FIN TRAGIQUE.
DANS UNE INTERVIEW PUBLIÉE DANS « TÊTU », UN JOURNALISTE A POSÉ CETTE QUESTION AU RÉALISATEUR BARRY JENKINS QUI A ÉTÉ ÉLEVÉ PAR UNE MÈRE TOXICOMANE, COMME SON PERSONNAGE CHIRON :
AU DÉPART, NAOMIE HARRIS (QUI JOUE LA MÈRE) NE VOULAIT PAS DE CE RÔLE, CAR ELLE NE VOULAIT JOUER QUE DES PERSONNAGES « DONNANT UNE IMAGE POSITIVE DES FEMMES NOIRES ».
JE LA COMPRENDS. MAIS JE NE CROIS PAS DANS LES IMAGES POSITIVES OU NÉGATIVES, POUR MOI IL N'Y A QUE LA VÉRITÉ. PAR AILLEURS, JE N'AIME PAS QU'ON NOUS FORCE À AVOIR HONTE DE NOS IDENTITÉS.

JE SUIS D'ACCORD AVEC LES PROPOS DE BARRY JENKINS. EN TANT QU'AUTEURS NOIRS ON NE DEVRAIT PAS S'AUTOCENSURER AU NOM DE LA LUTTE CONTRE LE RACISME.
DEUX DE MES PROJETS ÉVOQUENT DES GUERRES SUR LE CONTINENT AFRICAIN.
BREF, « ENCORE UNE HISTOIRE DE NOIRS QUI S'ENTRETUENT », DIRAIENT LES RACISTES.
DIRAIT-ON LA MÊME CHOSE DES BLANCS POUR LES ŒUVRES QUI ABORDENT LES DEUX GUERRES MONDIALES OU LA GUERRE DE SÉCESSION ?
L'IMPORTANT, C'EST DE SAISIR LA COMPLEXITÉ DES SITUATIONS ET DES PERSONNAGES NOIRS, DE PARLER D'ESPOIR ET DE RÉSILIENCE.
POUR MOI, LE VRAI DÉFI EST LÀ.

FIN DE VIE

# L'ÉTERNEL DÉBAT

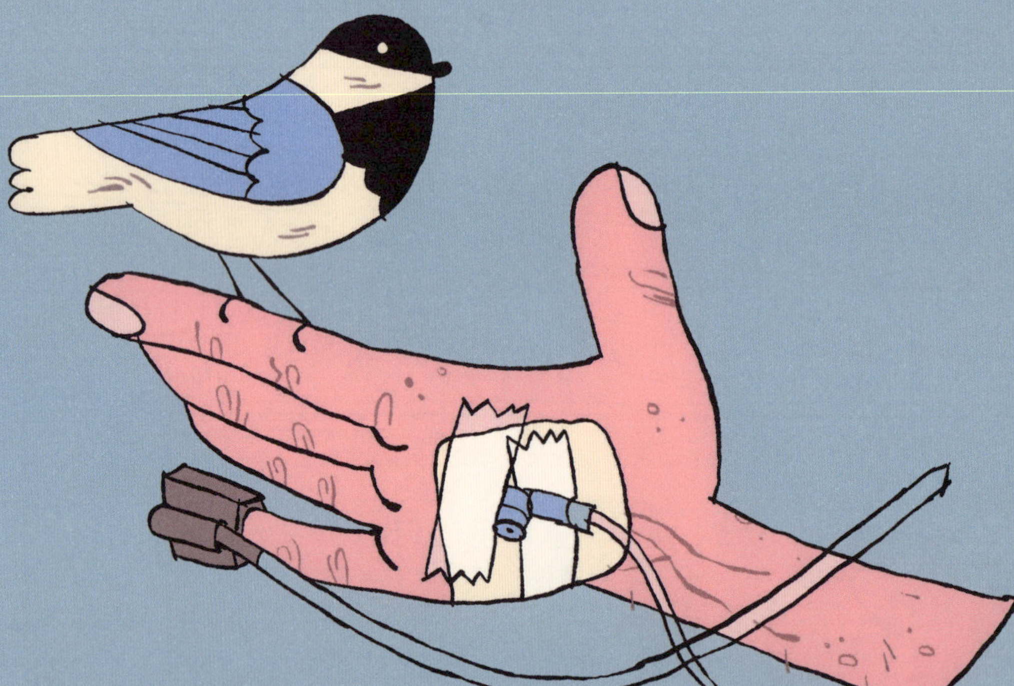

Au printemps dernier, un projet de loi était en cours d'examen à l'Assemblée nationale pour élargir les possibilités d'accompagnement de la « fin de vie ». Mais la dissolution du 9 juin y a coupé court, laissant à vif des discussions qui divisent. Euthanasie, suicide assisté... La légalisation de ces pratiques – qui existent déjà clandestinement en France – suscite des débats tendus, notamment au sein du corps médical. Si certains soignants considèrent qu'accompagner la mort fait partie du métier, d'autres y voient une trahison du serment d'Hippocrate. La liberté de choisir sa fin de vie correspond-elle à un progrès sociétal ?

**SIMON HENRY** **MANON MUGNIER**

Le médecin a insisté, mais la chimio, je n'en peux plus.
Il n'y a plus d'espoir de guérison. Je me demande si ça vaut le coup de continuer.
C'est vous qui décidez.

Gastroentérologue à la retraite, François Guillemot accompagne des personnes songeant à recourir à l'euthanasie en Belgique. La pratique y est dépénalisée depuis 2002.
Le médecin est obligé de respecter votre volonté si vous souhaitez interrompre les traitements.

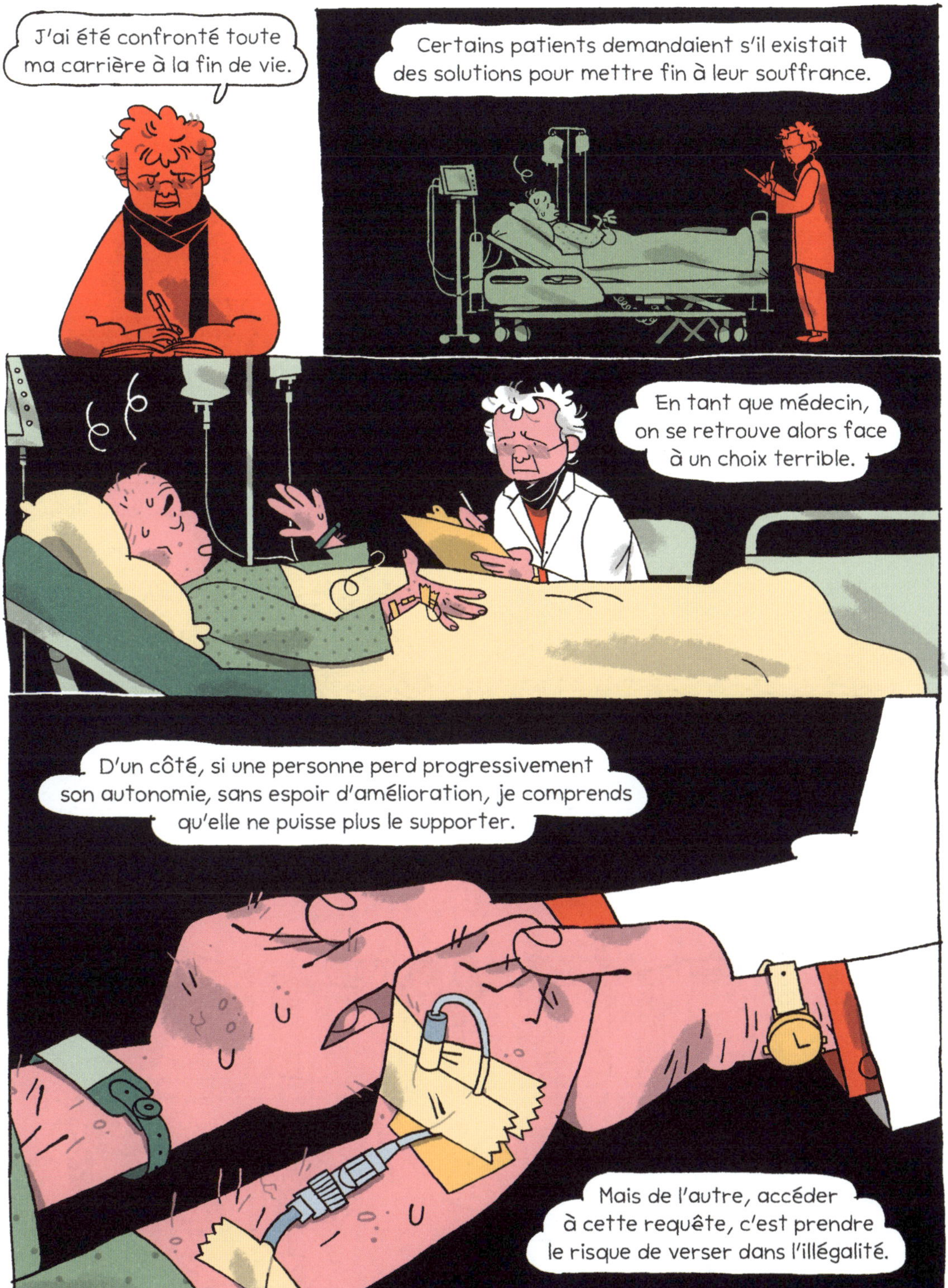
J'ai été confronté toute ma carrière à la fin de vie.
Certains patients demandaient s'il existait des solutions pour mettre fin à leur souffrance.
En tant que médecin, on se retrouve alors face à un choix terrible.
D'un côté, si une personne perd progressivement son autonomie, sans espoir d'amélioration, je comprends qu'elle ne puisse plus le supporter.
Mais de l'autre, accéder à cette requête, c'est prendre le risque de verser dans l'illégalité.

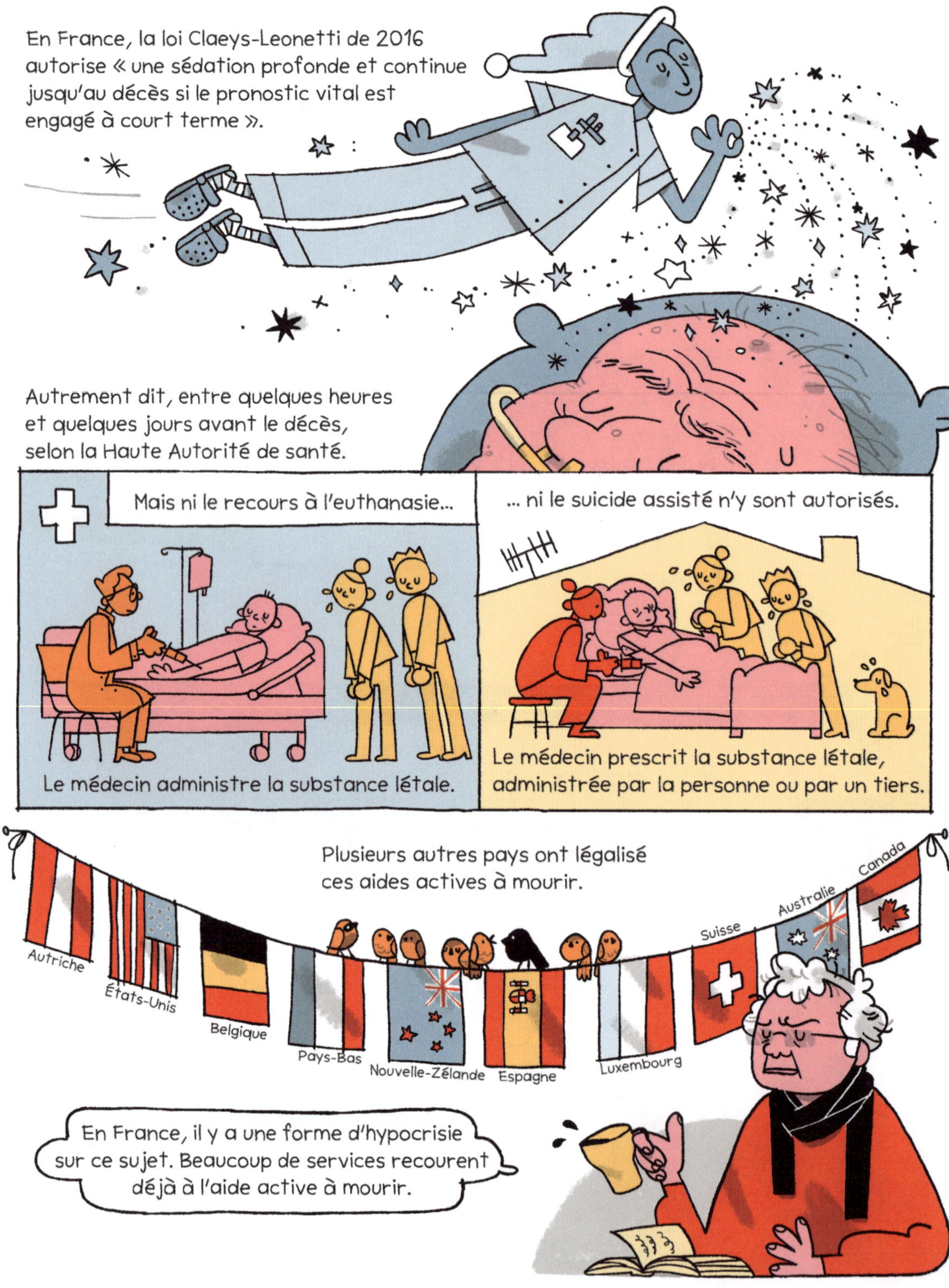
En France, la loi Claeys-Leonetti de 2016 autorise « une sédation profonde et continue jusqu'au décès si le pronostic vital est engagé à court terme ».
Autrement dit, entre quelques heures et quelques jours avant le décès, selon la Haute Autorité de santé.
Mais ni le recours à l'euthanasie…
Le médecin administre la substance létale.
… ni le suicide assisté n'y sont autorisés.
Le médecin prescrit la substance létale, administrée par la personne ou par un tiers.
Plusieurs autres pays ont légalisé ces aides actives à mourir.
Autriche
États-Unis
Belgique
Pays-Bas
Nouvelle-Zélande
Espagne
Luxembourg
Suisse
Australie
Canada
En France, il y a une forme d'hypocrisie sur ce sujet. Beaucoup de services recourent déjà à l'aide active à mourir.

* Étude publiée en novembre 2012, sur des données de 2010.

Pour sa part, François Guillemot a pratiqué une dizaine d'aides actives à mourir au cours de sa carrière.
J'ai le souvenir d'un patient en phase terminale qui agonisait.
« En guise de soins, on lui a creusé le cou pour lui installer un énorme tube et le placer sous respiration artificielle.
Il suffoquait, tout en étant conscient de son calvaire.
La famille nous implorait de trouver une solution pour abréger ses souffrances.
Mais le chef de service n'a donné aucune consigne dans ce sens.
Derrière sa réaction se cachait celle de l'institution. »

Dans un avis rendu le 13 septembre 2022, le Comité consultatif national d'éthique (CCNE) ouvre pour la première fois la voie à une introduction de l'aide active à mourir en France.
On sent qu'il y a une demande sociétale sur le sujet.
Régis Aubry, corapporteur de l'avis du CCNE et ancien responsable des services de soins palliatifs du CHU de Besançon
On s'est aperçu que les progrès de la médecine permettaient souvent de maintenir les patients plus longtemps en vie, mais pas toujours le plus dignement possible.
Ce qui peut pousser à s'interroger sur les limites de la loi actuelle.
Selon un sondage Ifop publié le 1er avril 2023, 70 % des Français sont favorables à une légalisation de l'aide active à mourir.
Difficile en revanche de prendre la température chez les soignants.

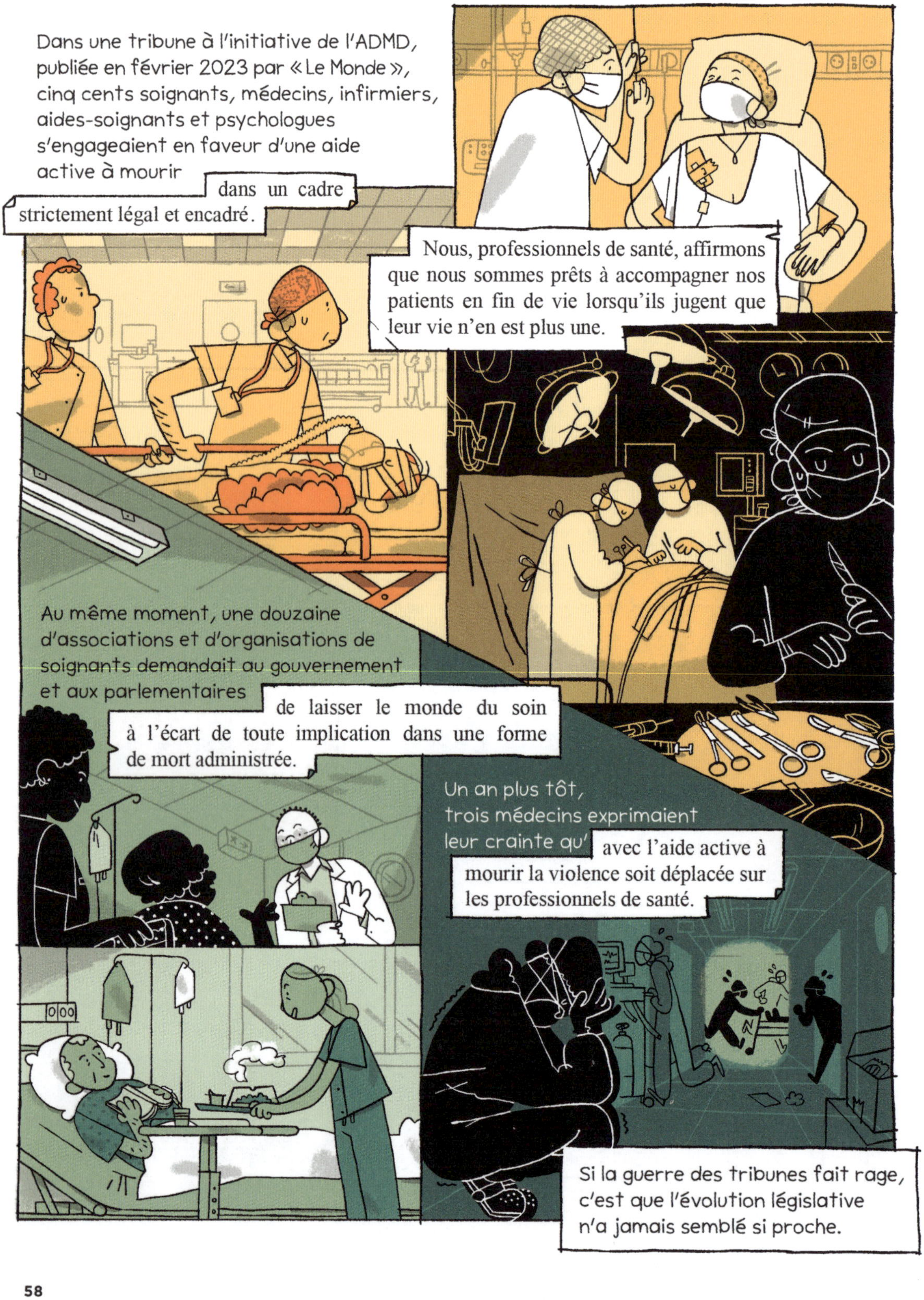
Dans une tribune à l'initiative de l'ADMD, publiée en février 2023 par « Le Monde », cinq cents soignants, médecins, infirmiers, aides-soignants et psychologues s'engageaient en faveur d'une aide active à mourir
dans un cadre strictement légal et encadré.
Nous, professionnels de santé, affirmons que nous sommes prêts à accompagner nos patients en fin de vie lorsqu'ils jugent que leur vie n'en est plus une.
Au même moment, une douzaine d'associations et d'organisations de soignants demandait au gouvernement et aux parlementaires
de laisser le monde du soin à l'écart de toute implication dans une forme de mort administrée.
Un an plus tôt, trois médecins exprimaient leur crainte qu'
avec l'aide active à mourir la violence soit déplacée sur les professionnels de santé.
Si la guerre des tribunes fait rage, c'est que l'évolution législative n'a jamais semblé si proche.

Assemblée nationale, le 8 avril 2021.
Pour la première fois, une proposition de loi visant à créer une aide active à mourir est débattue dans l'hémicycle.
clap clap clap clap
Le texte est porté par le député Olivier Falorni, groupe Démocrate (MoDem et indépendants).
Pourquoi endurer une cruelle agonie quand la mort peut vous délivrer d'une vie qui n'est devenue qu'une survie douloureuse et sans espoir de guérison ?
clap clap clap clap clap clap clap
La proposition de loi sera bloquée, par le dépôt d'environ 3 000 amendements, dont plus de 2 000 par cinq députés LR, puis abandonnée.
tousse tousse
clap clap clap
Mais l'article 1 du texte, qui définissait une « assistance médicalisée à mourir » comme « la prescription à une personne par un médecin, à la demande expresse de celle-ci, d'un produit létal et l'assistance à l'administration de ce produit par un médecin », a été approuvé à 80 % par les députés.

Fin septembre 2023, un projet de loi avec la possibilité d'une ouverture de l'aide active à mourir est arrivé sur le bureau d'Emmanuel Macron.
N°2462
PROJET DE LOI
relatif à l'accompagnement des malades et de la fin de vie
Pendant la campagne présidentielle en 2022, le président s'était engagé à légiférer sur le sujet.
Le 9 décembre 2022, une convention citoyenne sur la fin de vie, sur le modèle de celle sur le climat, a été lancée.
Pendant quatre mois, 184 citoyens tirés au sort se sont documentés, réunis et concertés sur le sujet.
CONSEIL ÉCONOMIQUE SOCIAL ET ENVIRONNEMENTAL
Ils avaient pour mission de rendre un rapport détaillé et répondant à la question posée par la Première ministre d'alors, Élisabeth Borne :
Le cadre d'accompagnement de la fin de vie est-il adapté aux différentes situations rencontrées ou d'éventuels changements devraient-ils être introduits ?

À l'heure actuelle, les professionnels de santé pratiquant des euthanasies clandestines risquent gros : la loi assimile l'euthanasie à un meurtre, puni de trente ans d'emprisonnement.
Une fois, j'ai eu des ennuis.
François Guillemot
J'ai été convoqué au commissariat avec une infirmière pour une aide active à mourir dénoncée par une cousine éloignée du patient qui en avait bénéficié.
Mais quand j'ai expliqué le déroulé des choses aux forces de l'ordre, ils n'ont pas fait de zèle.
Il n'y a pas eu de poursuites ni d'enquête derrière.
DE POLICE
Très peu d'affaires d'euthanasie clandestine finissent devant les tribunaux. Les litiges concernent souvent un doute autour du consentement du patient, et la famille se porte rarement partie civile.

Marie-Pierre Jourdan est atteinte d'une tumeur au cerveau diagnostiquée en mai 2023.
Grosse comme une balle de ping-pong.
En visio depuis Limoges, elle s'entretient avec François Guillemot.
Quand on m'a annoncé ma maladie, ma première réaction a aussi été de me renseigner pour la Belgique.
Ils m'ont dit que j'avais quatre à six mois d'espérance de vie. Je veux m'épargner une longue souffrance.
Avez-vous évoqué avec votre médecin votre souhait d'euthanasie ?
J'en ai parlé avec un oncologue qui m'a fait comprendre que c'était quelque chose qu'il ne fallait pas aborder à l'hôpital.
« Ici, on s'occupe seulement du maintien de la vie », m'a-t-il dit.

La position du médecin renvoie à celle de la Société française d'accompagnement et de soins palliatifs (SFAP) pour qui « donner la mort ne peut être un soin ».
Un avis que ne partage pas Jean-Paul Hamon, médecin à Clamart (92) et président d'honneur de la Fédération des médecins de France.
Moi aussi, j'ai aidé à mourir.
Cela a dû arriver sept ou huit fois. Des patients métastasés de partout et qui souffrent.
Ce n'est pas la peine de s'acharner.
Accompagner la mort fait partie du métier.

Au terme de la convention citoyenne, 76 % des votants se sont positionnés pour l'ouverture d'une aide active à mourir.

* Elle est devenue chargée de mission au sein du Centre national Fin de vie Soins palliatifs à la suite de cette expérience.

En cas de légalisation de l'aide active à mourir, les conditions d'accès sont un point fondamental pour les médecins.
4
Conseil national de l'ordre des médecins
Le Conseil est défavorable à la participation d'un médecin à un processus menant à l'euthanasie.
On estime que le rôle du praticien n'est pas de provoquer délibérément la mort.
?
Nous sommes un peu plus ouverts à la voie du suicide assisté, car le rôle du médecin serait différent.
À condition d'y inclure une clause de conscience pour ceux qui souhaitent se retirer à tout moment de la procédure.
Jean-Marcel Mourgues, vice-président du Conseil national de l'ordre des médecins
En revanche, nous sommes totalement opposés à la mise en place d'une aide active à mourir pour les mineurs et les personnes hors d'état de manifester leur volonté.
JE FERAI TOUT POUR SOULAGER LES SOUFFRANCES.
JE NE PROVOQUERAI JAMAIS LA MORT DÉLIBÉRÉMENT.
Comme dirait ce bon Hippocrate.
HIPPOCRATE

Le cas de Vincent Lambert a cristallisé la question de la volonté du patient.
L'histoire de cet infirmier tombé dans un état végétatif pendant dix ans à la suite d'un accident de la route a été très médiatisée.
BFM TV
HEBDO
Au terme de plusieurs années de soins inefficaces, son épouse et les médecins ont souhaité l'arrêt de son maintien en vie.
Libération
Euthanasie
En finir avec
Mais ses parents ont toujours refusé cette option.
Avant son accident, rien n'atteste très clairement la volonté de Vincent Lambert.
J'ai contribué à des aides actives à mourir à de strictes conditions.
Être guidé par la volonté du patient, l'aval de la famille mais aussi de l'équipe médicale.
Une fois, une infirmière a fait jouer sa clause de conscience. Pour elle, l'acte était contraire à ses convictions, elle a refusé d'y être mêlée.
François Guillemot
Mardi 23 janvier 2024, les responsables des principales religions de France se sont réunis pour exprimer leurs réticences à un projet de loi plus permissif.

* Cette dernière citation est tirée d'une tribune publiée dans le journal « Le Monde », le 6 février 2023.

Retour à Estaires, dans le Nord
Docteur, j'ai rédigé mes directives anticipées. Elles indiquent de ne pas poursuivre les traitements quand je l'aurai décidé.
C'est très bien.
Au cas où ça bouge en France, ça lèvera toute ambiguïté.
Vous pouvez aussi préciser que vous souhaitez bénéficier des nouvelles législations.
La loi Claeys-Leonetti de 2016 a renforcé la possibilité de s'opposer aux traitements.
Grâce aux directives anticipées, la volonté du patient s'impose aux médecins.
Mais cette loi dans son ensemble reste très méconnue.
En mars 2024, les conclusions de la mission d'évaluation Claeys-Leonetti déploraient un recours aux directives anticipées encore « très insuffisant ».
Infusion RELAX

Selon une étude du Centre national des soins palliatifs et de la fin de vie (CNSPVF) publiée en octobre 2022, seulement près d'un Français de plus de 18 ans sur deux connaît la sédation profonde et les directives anticipées.
?
J'ai réalisé que je ne connaissais pas mes droits avant d'être confrontée à la maladie.
Aucun soignant ne m'en a parlé.
Marie-Pierre Jourdan
Je prends le temps à chaque rendez-vous de rappeler leurs droits aux malades.
Ils ne bénéficient pas toujours des soins auxquels ils peuvent prétendre.
Selon une étude antérieure du CNSPVF, 91 % des plus de 50 ans interrogés disent que leur médecin traitant ne les a pas informés de leurs droits et des dispositifs existants.
D'après des chiffres de l'Inspection générale des affaires sociales (s'appuyant sur des données de 2014), 62 % des personnes décédées qui auraient dû bénéficier de soins adaptés en ont été privées.
Par manque d'informations, mais aussi par manque de lits disponibles à l'hôpital.

C'est notamment le cas pour les soins palliatifs. Destinés aux malades en fin de vie, ces soins soulagent les souffrances physiques et psychologiques.
Hôpital Victor Provo
Centre Hospitalier de Roubaix
URGENCES
Pédiatrie
Ces services font actuellement l'objet d'un cinquième plan de renforcement depuis leur création en 1987 pour accueillir davantage de patients.
Une mesure qui fait consensus dans le débat autour de la fin de vie.
Selon le CNSPVF, vingt et un départements en France ne possédaient toujours pas d'unités de soins palliatifs en 2021.
Nous avons fermé la moitié du service par manque de personnel.
Katia Hebbar, cheffe de service des soins palliatifs du centre hospitalier de Roubaix
Nous ne pouvons pas répondre à toutes les demandes. Avec comme conséquence un défaut d'accompagnement et de prise en charge dans la fin de vie.
Il y a un manque indéniable de moyens dans ces services.
Régis Aubry, corapporteur du Comité consultatif national d'éthique

L'enseignement des soins palliatifs et la notion de fin de vie sont très peu dispensés aux médecins.
Ça a commencé ces dernières années, mais avant c'était totalement absent de leur formation.
La première fois que j'y ai été confronté, c'était une jeune fille qui avait été renvoyée chez ses parents, pour pouvoir mourir chez elle. Cinquante ans après, quand je passe devant le pavillon, j'en tremble encore.
J'ai appris sur le tas.
Jean-Paul Hamon
Des médecins ne connaissent même pas la sédation profonde et continue.
D'autres ignorent comment la réaliser. Pour certains d'entre eux, ne pas s'y intéresser est aussi une manière d'éluder la question d'un point de vue éthique.
Katia Hebbar

Quand je me suis renseignée sur les soins palliatifs, on m'a dit qu'il y avait de la place.
Et qu'ils faisaient tout pour que la personne reste en vie le plus longtemps possible.
Ce n'était pas tout à fait ce que je voulais entendre.
Je souhaite mourir comme bon me semble.
Marie-Pierre Jourdan
La logique des soins palliatifs est en effet plutôt de rassurer les patients et de leur prodiguer tous les soins possibles.
De ne pas lâcher l'affaire tant qu'on n'a pas tout essayé.
Même si l'aide à mourir venait à être ouverte, je ne pense pas que ce soit la bonne réponse à apporter.
Nous proposerions d'autres solutions aux patients.
Je reconnais cependant que certains médecins continuent les soins trop longtemps. Jusqu'à flirter avec l'acharnement thérapeutique.

Selon Olivier Falorni, il est impossible de connaître le nombre de sédations profondes effectuées en France.
Elles ne sont pas codifiées. C'est-à-dire qu'elles ne sont pas mentionnées comme un acte médical.
Mais on a estimé qu'elles interviennent aujourd'hui dans 0,9 % des décès.
À l'image du service que dirige Katia Hebbar, à Roubaix,
les soins palliatifs sont farouchement opposés à la légalisation de l'aide active à mourir.
Selon un sondage Opinionway en octobre 2022, 90 % des soignants de ces services déclarent qu'ils sont satisfaits du cadre actuel de la loi.
Aucun de nos médecins n'accepterait de pratiquer une euthanasie.
BONK
On a parfois reçu des demandes, mais elles s'expriment à travers une souffrance physique ou psychologique.
Celle aussi d'être un poids pour ses proches.
Dès qu'on arrive à atténuer cette souffrance, le patient retire sa demande.
C'est ce qu'on appelle l'ambivalence du patient.

Éligible à l'euthanasie en Belgique, Pierre* a finalement renoncé.
Il se définit comme un « rescapé des soins palliatifs ».
* Le prénom a été changé.
Atteint d'une maladie génétique, il a été opéré du cœur à de nombreuses reprises. Après plusieurs complications, une nouvelle intervention lui est suggérée.
J'avais horriblement mal mais j'ai refusé, même si mon pronostic vital était engagé.
J'en avais marre de cet acharnement médical.
J'ai demandé à aller en soins palliatifs, je me voyais y mourir.
Quelque temps plus tard, à sa grande surprise, et à celle des médecins, son état s'améliore spectaculairement.
C'était un miracle !
Des médicaments lui sont tout de même administrés. Mais les soucis de santé le rattrapent.
Deux ans après sa sortie des soins palliatifs, Pierre est victime d'une destruction de l'appareil vestibulaire.
Un phénomène irréversible qui engendre une perte totale de l'équilibre.

Là, je me suis dit que je n'en pouvais plus de vivre dans la souffrance.
Je me suis rapproché d'un hôpital belge pour une procédure d'euthanasie.
Mais je me suis ravisé car j'ai réussi à profiter à nouveau de la vie.
Peut-être justement parce que j'étais rassuré de pouvoir choisir ma propre fin de vie.

# « Face à la précarité, difficile d'envisager une vie digne »

**Mathilde François** est porte-parole du collectif Les Dévalideuses, qui lutte contre les discriminations et violences envers les personnes handicapées.

Au vu du délitement des services publics de santé, certaines personnes handicapées – notamment les femmes et celles issues des minorités de genre – craignent de voir une multitude d'entre elles, en souffrance mais qui ne sont pas en fin de vie, recourir à l'aide médicale à mourir.

**Pourquoi des collectifs de personnes handicapées se sont-ils opposés à la proposition de loi sur la fin de vie d'avril dernier ?**

Dans les critères d'accès à l'aide médicale à mourir (AMM) définis par la convention citoyenne, on retrouve des *« souffrances physiques et psychiques réfractaires »*, c'est-à-dire impossibles à soigner. Beaucoup de personnes handicapées se reconnaissent dans ces termes, sans forcément être en fin de vie. Or, pour nous, ces souffrances sont accrues par un contexte social et politique

© NICOLAS LASCOURRÈGES / DIVERGENCE

**Près d'un quart des participants à la convention citoyenne se sont prononcés contre l'aide médicale à mourir, eu égard, notamment, au cas des personnes en situation de handicap.**

qui est hostile à offrir une vie digne aux malades. En témoigne le désinvestissement massif dans le service public de santé. Vingt et un départements ne possèdent aucune unité de soins palliatifs en France, et ceux qui en ont ne disposent pas des moyens suffisants pour assurer cette mission. De même, la Société française d'étude et traitement de la douleur estime que seulement 3 % des personnes souffrant de douleur chronique *« bénéficient d'une prise en charge dans un des centres spécialisés ».* Ce chiffre est affolant : il n'y a rien d'étonnant à percevoir sa souffrance comme *« réfractaire »* avec si peu de prises en charge ! Face à la précarité de l'accès aux soins et aux discriminations d'une société validiste, on arrive vite au bout de sa capacité à envisager une vie digne.

**Qu'est-ce que le validisme ?**

Le validisme est une discrimination qui postule que les corps jugés handicapés, donc ne correspondant pas aux normes médicales, ont moins de valeur. Dans la vie quotidienne, cela se manifeste par exemple lorsque nous faisons face à une majorité de logements et de transports inaccessibles. Aussi, le taux de pauvreté des personnes handicapées atteint, en France, 19 %, contre 13 % chez les personnes valides[1]. Nous sommes par ailleurs particulièrement exposées aux violences sexistes et sexuelles. À l'échelle européenne, on estime à 34 % la part des femmes handicapées ayant subi des violences de ce type au sein du couple. Dans un tel contexte, il n'y a pas de réelle liberté. Tant que toutes les conditions ne sont pas réunies pour assurer à chacun une bonne et belle vie autonome, l'euthanasie apparaîtra injustement comme une *« solution »* aux personnes handicapées.

**L'euthanasie apparaîtra injustement comme une « solution »**

**En quoi la lutte pour l'autonomie et contre l'isolement est-elle la clé ?**

L'État pérennise le placement des personnes handicapées dans des structures médico-sociales. Or, placer les enfants et les adultes handicapés dans des lieux à part, spécifiques, favorise leur exclusion et leur solitude. L'ONU a récemment mis la France en garde contre ces institutions qu'elle considère comme des lieux de privation de liberté. Et à propos de l'exclusion, Alexis Burnod, médecin responsable des soins palliatifs à l'Institut Curie, rappelle que dans l'Oregon, aux États-Unis, 93 % des personnes qui ont recours au suicide assisté le justifient avant tout par la *« solitude »* et la *« sensation d'être un poids pour la société et la famille ».* C'est pourquoi il nous semble urgent de repenser l'autonomie des personnes handicapées, pour un accès égal à une bonne vie avant de songer à y mettre fin.

PROPOS RECUEILLIS PAR **LÉONE LAALI**

1. SOURCES : DREES, 2021

## À VOIR

***Fin de vie : Pour que tu aies le choix,*** **de Magali Cotard. Un documentaire engagé, à travers lequel la médecin et journaliste Marina Carrère d'Encausse nous entraîne en Belgique, en Suisse et au Canada pour mêler questionnements intimes et débats de société autour de la fin de vie.** France Télévisions, 65 min (2023).

## À LIRE

***Le Dernier Soir,*** **de Thomas Misrachi. Ami de Jacqueline Jencquel, le journaliste raconte les instants ultimes, les derniers mots, le dernier regard de cette militante pour le droit à mourir dans la dignité.** Éd. Grasset (2024).

# La sémantique c'est élastique

**Masculin en -ée.** Que serait la langue française sans ses exceptions ? Pour nous embrouiller l'esprit, plusieurs mots masculins s'orthographient avec l'habituelle terminaison féminine -ée. Encore une sombre histoire de racine latine…

**JAMES**

Euh... lycée et musée se sont toujours écrits avec un -e final, en réalité.
Et ils ont changé de sexe en allant à la mairie après, c'est ça ?
S'il vous plaît...
Ils font partie d'un tout petit groupe de mots masculins, plutôt rares, qui se terminent par -ée.
Même si le -e final est, en effet, généralement, un marqueur féminin des mots.
Alors, tu en penses quoi de ma nouvelle collection "Glam & Linguistique", mettant en valeur les marqueurs féminins ?
Euh...
On y retrouve, pour les plus connus, trophée, apogée, gynécée, élysée, macchabée, mausolée, scarabée, pygmée...
Alors, oui, certes, je suis un scarabée au masculin...
Mais je suis une femelle !
Pardon, Madame...
Pour revenir à lycée, il s'agit de l'antonomase de Lycée, un lieu bien précis de la Grèce antique, qui est devenu un mot commun.
Le Lycée était le gymnase où Aristote avait fondé son école et où il enseignait.
En toute chose, c'est la fin qui est essentielle.
Un gymnase... bon sang, c'est donc à cause de ça qu'on doit subir ces maudits cours d'EPS au lycée, alors...
Encore un complot...
Il s'appelait Lúkeion en grec ancien, puis Lyceum en latin pour donner en 1721 le mot lycée en français...
Il sera le lieu où se regroupent les gens de lettres.
On a donc le droit de jouer avec les lettres ?

Ok, ok, mais ce maudit -ée alors, ça sort d'où ?
Le -e final est un reste graphique de la terminaison latine -um, qui, elle, a disparu.
Et comme le mot était masculin en latin, il l'est resté.
C'est pareil pour musée, qui vient de museum en latin, et qui était à l'origine, en Grèce, le temple des Muses.
Quand je pense que nous allons inspirer le nom des hauts lieux de l'art masculin...
T'inquiète, ils mettront un -e final.
C'est louche, il faut que j'en parle à mon médie...
Hein ?
Ah... médium...
Non, mais lui a conservé sa finale en -um, hein.
Et ce n'est pas tout, vous savez qu'il y a aussi quelques termes masculins qui finissent en -ie, qui est habituellement un marqueur féminin ?
Et allez...
Sosie, génie, incendie, zombie, messie...
On n'est menés que 6-0, fais un miracle, mec !
C'est Messi sans -e, moi, hein !
Là aussi, les mots sont issus du latin et du grec ancien : genius, incendium, messias.
Monsieur le président, vous avez déclencé un incendie qui se propage sans fin...
Quel coup de génie pour me présenter comme le messie ensuite, hein ?
Hormis zombie, qui vient de l'anglais issu du créole haïtien zonbi.
Haha, ce n'est pas avec leur -e de femmelette qu'ils vont m'impressionner, tes zombies !

Sosie est l'antonomase d'un personnage du théâtre romain, Sosia.
Ah ! Voici le dieu Mercure qui a pris mes traits pour venir parmi les mortels...
La représentation est finie, hein. C'est moi, ton frère jumeau...
Pfff, ça entretient la confusion... Le français est une langue binaire. Les mots sont soit masculins, soit féminins, point.
On en a déjà parlé dans cette rubrique, mais il y a des mots gender fluid.
Vous voulez m'achever ??
Par exemple, le mot "espace", qui date de la fin du XIIe siècle et qui était indifféremment masculin ou féminin en ancien et moyen français.
C'est fou de penser que l'espace est infinie.
Et infini en même temps.
Il est devenu masculin pour désigner un endroit ou une étendue infinie ou délimitée.
Manspreading, manspreading... pff...
L'espace public est masculin, je vous signale.
Sauf en typographie, où l'espace entre deux mots est féminine.
Il faut insérer une espace fine avant le point d'exclamation.
Toujours cette injonction à la minceur dès que c'est féminin...
À cause de la lamelle – mot féminin donc – qu'on intercalait entre les caractères de plomb dans l'imprimerie.
Quand vous tapez sur la grande barre de votre clavier d'ordinateur, vous n'insérez pas un mais une espace.
Mais tout le monde l'emploie au masculin, enfin !
Vous faites comme vous voulez mais la correctrice de la rubrique viendra vous corriger, hein...
M'en fous ! Une espace entre les mots !!

# instantané

**Un œil en prison.** Au début des années 1970, de violentes révoltes de détenus éclatent. En cause, les conditions d'incarcération jugées indignes. Des grèves de surveillants s'ensuivent. L'occasion pour le président Giscard d'Estaing d'entamer une réforme et, pour un jeune photojournaliste audacieux, de mettre un pied dans la lourde porte du milieu carcéral.

FÉRIEL NAOURA ÉLISA GÉHIN

LORS D'UNE DÉCLARATION DU MINISTRE DE LA JUSTICE JEAN LECANUET, JEAN GAUMY L'INTERPELLE. QUE DIRAIT-IL S'IL VENAIT PHOTOGRAPHIER EN PRISON ? « PASSEZ ME VOIR AU MINISTÈRE, NOUS EN PARLERONS », RÉPOND L'INTÉRESSÉ. UN AN PLUS TARD, LE REPORTER DE 28 ANS EST LE PREMIER À PÉNÉTRER DANS UNE PRISON FRANÇAISE.

CAEN, ROUEN, MELUN... PENDANT TROIS ANS, JEAN GAUMY DÉCOUVRE L'UNIVERS CARCÉRAL, Y CHERCHE UNE JUSTE PLACE. IL REVIENT PLUSIEURS FOIS, DEUX OU TROIS JOURS D'AFFILÉE, SES IMPRESSIONS CONSIGNÉES DANS UN CARNET*.

À L'ÉTÉ 1978, C'EST LA PRISON DE SAINT-MARTIN-DE-RÉ, AFFECTÉE AUX PEINES DE LONGUE DURÉE ET À PERPÉTUITÉ, QUI L'ACCUEILLE. DANS LA COUR, LE PHOTOGRAPHE SE MÊLE AUX DÉTENUS. CERTAINS S'AMUSENT DE LA PRÉSENCE DE CE PETIT GABARIT, CHINO CLAIR SERRÉ HAUT SUR LA TAILLE. SON BOÎTIER DE TRAVAIL EST MODESTE, SON APPAREIL DE RECHANGE RANGÉ DANS SON SAC, POUR NE PAS IMPRESSIONNER.

* « LES INCARCÉRÉS », 1983, ÉD. DE L'ÉTOILE.

« SAVOIR COMMENT ON IRRADIE DANS L'ESPACE. » NE SURTOUT PAS DISSIMULER. LES RÉACTIONS SONT IMPRÉVISIBLES, JEAN GAUMY L'A CONSTATÉ. SON ZOOM, CE SONT SES JAMBES. IL S'APPROCHE DES AGRÈS ET SAISIT L'INSTANT.

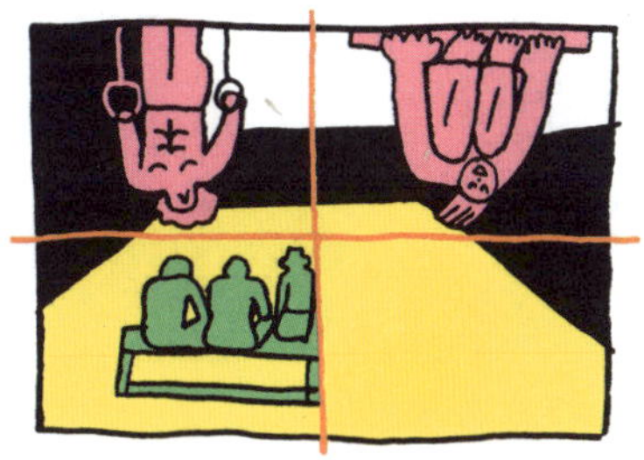

SEUL LE MUR D'ENCEINTE RAPPELLE QU'IL NE S'AGIT PAS DE VACANCIERS EN BORD DE MER. DIFFICILE D'IMAGINER QUE, QUATRE ANS PLUS TÔT, UNE MUTINERIE AU SEIN DE CETTE CITADELLE DU XVII^E SIÈCLE S'ÉTAIT TRADUITE PAR UN TRIPLE INCENDIE, DE VIOLENTS AFFRONTEMENTS ENTRE DÉTENUS ET CRS, ET LA MORT DE DEUX PERSONNES.

LE 23 AOÛT, JEAN GAUMY NOTE : « FORCÉ D'ARRÊTER. UNE ÉVASION A MIS LES NERFS EN PELOTE À TOUT LE MONDE. JE REVIENDRAI L'AN PROCHAIN. »

À SON RETOUR, LES CONDITIONS ONT CHANGÉ. IL NE PEUT PLUS PHOTOGRAPHIER AUSSI LIBREMENT ET CONNAÎT SON PREMIER ACCROCHAGE AVEC UN DÉTENU. LAS, IL MET FIN CETTE ANNÉE-LÀ AU PROJET,

« UNE COURSE DE FOND DANS UN MARÉCAGE ».

INFORMATION
CETTE ENQUÊTE VA VOUS ÉTONNER
ANONYME
JEAN-CHRISTOPHE MAZURIE

« *Ces dix aliments que les nutritionnistes ne mangent jamais »* ; *« Vos ados vous trouvent ringards, voici comment réagir »* ; *« Les cinq erreurs à éviter après 40 ans, la troisième va vous étonner »*… Articles insolites, listes racoleuses, vidéos amusantes : on appelle ce type de contenus *clickbaits* ou, en bon français, « pièges à clics ». Identifiables à leurs titres percutants, intrigants, souvent à la limite du voyeurisme, ils piquent au vif la curiosité et provoquent une irrépressible envie de cliquer, voire de partager. Sans qu'on n'ait rien demandé, ils fleurissent sur nos écrans, trahissent nos passions coupables en s'adaptant, tels des caméléons, à ce que les algorithmes connaissent de nos vies et centres d'intérêt. Avec les chaînes d'information en continu, ils sont le reflet d'une certaine tendance, bien installée, dans la fabrique de l'actualité : celle du *snack content* ou de l'*infotainement*. Deux anglicismes qui désignent ces productions, plus proches du divertissement que de l'information, qui se consomment en deux bouchées, comme un encas vite digéré, vite oublié. Mais d'où viennent ces articles produits par centaines chaque jour ? Qui les écrit ? Derrière les sites qui les publient il y a parfois des groupes de communication (Phénix, qui détient Topito), souvent des groupes de médias numériques comme DC Company (propriétaire de Konbini, des Éclaireuses, du Gorafi) ou des groupes plus larges, comme Prisma, propriété de Vincent Bolloré (Famed, Oh! my mag, Gentside) ou encore le groupe Reworld media (MinuteBuzz, les Numériques, Aufeminin…). Pour faire vivre chacun de ces titres, et les dizaines d'autres qui composent la galaxie des sites d'infodivertissement, des armées d'aspirants journalistes triment dans une ambiance start-up à des cadences effrénées en espérant, avec ces premiers contrats, trouver une porte d'entrée vers le métier. Comment travaillent-ils ? Quelles sont les injonctions auxquelles doivent répondre celles et ceux dont la mission est d'attirer coûte que coûte notre attention ? Sur quels critères sont choisis les sujets ? Dans quel objectif ? Avec quelle déontologie ? Et quel rapport à la publicité ?

### Silence dans les rangs

Pour nous éclairer, l'un de ces journalistes raconte dans le détail son expérience en immersion : entre flambées de cynisme et anecdotes cocasses, il nous révèle l'envers du décor de ces rédactions qui produisent, à longueur de journée, des contenus *«incroyables»* et *«prêts à nous étonner».* Tatillonnes sur leur image de marque et leur réputation, parfois enclines à entamer des procédures contre leurs anciens salariés, ces entreprises sont déterminées à ce que leurs méthodes et modes de fonctionnement ne soient pas ébruités. C'est pourquoi, pour éviter tout préjudice, l'identité du journaliste à l'origine de cette enquête comme celle du média qui l'a employé pendant plusieurs mois ne seront pas révélées, mais les informations qu'il partage et les rouages qu'il décrypte n'en sont pas moins réels. De même, les mécanismes et les logiques économiques qu'il met au jour dépassent largement son cas particulier. Loin des idéaux de grand reportage, de contre-pouvoir et d'investigation, cette expérience, nourrie de témoignages de ses confrères et consœurs, permet de mieux comprendre ce que la course au nombre de vues et aux budgets publicitaires fait à l'information.

À CETTE ÉPOQUE, CELA FAIT PRESQUE SIX MOIS QUE JE SUIS EMBAUCHÉ AU SEIN D'UNE ENTREPRISE DE PRESSE QUI PRODUIT DES ARTICLES EXCLUSIVEMENT EN LIGNE.
« J'EN PEUX PLUS » : LEÏLA BEKHTI TRÈS REMONTÉE CONTRE SON MARI TAHAR RAHIM
ÉQUIPE DE FRANCE : KYLIAN MBAPPÉ BIENTÔT EXCLU ? FRANK LEBOEUF A LA RÉPONSE
UN SITE PARMI TANT D'AUTRES QUI COMPOSE LA PRESSE WEB DITE D'« INFOTAINMENT ».
MINUTE BUZZ
melty.
DEMOTIVATEUR
UP WOR THY
TOPITO
Oh! my mag
Konbini
GENT SIDE.
CES PURE PLAYERS, DE QUALITÉ VARIABLE, SONT À L'ORIGINE DES NOMBREUX ARTICLES, QUIZ ET AUTRES LISTES DÉCLINÉES EN « TOP 10 » QUI INONDENT LES RÉSEAUX SOCIAUX. ON LES RECONNAÎT À LEURS TITRES POUR LE MOINS ALLÉCHANTS.
TOP 10 DES ANIMAUX QUI SE DROGUENT
KYLIAN MBAPPÉ SA COTE DE POPULARITÉ DÉGRINGOLE ET VOICI POURQUOI
URGENCES
UNE JEUNE FEMME ÉJECTE SON UTÉRUS APRÈS UNE FLATULENCE ET SE REND À L'HÔPITAL
VOILÀ POUR LE DÉCOR.

MON EMPLOYEUR FAIT PARTIE D'UN GROUPE LEADER DE LA PRESSE EN FRANCE, RÉCEMMENT RACHETÉ PAR UN RICHE PATRON. L'ENTREPRISE REVENDIQUE DES MILLIONS DE LECTEURS PAR MOIS.
Vous me prendrez un croissant.
Et un groupe de presse, tant qu'on y est.
Juste le croissant ou je rachète la chaîne de boulangeries ?
DANS LES LOCAUX ULTRAMODERNES, LE TRAVAIL EST EN FLEX OFFICE (LES EMPLOYÉS CHANGENT DE PLACE TOUS LES JOURS) DANS UNE AMBIANCE TRÈS « START-UP NATION ».
TROIS JOURS APRÈS MON ARRIVÉE DANS L'ENTREPRISE, JE SUIS BRIEFÉ PAR MA SUPÉRIEURE.
Le contenu de l'article en soi, on s'en fout.
Ce qui compte, c'est le titre !
IL FAUT QUE TU TITRES DE MANIÈRE PLUS « CLICKY » !!!
?

«Clicky»? C'est une écriture qui incite l'internaute, soumis à tous les contenus proposés dans le flux de son réseau social, son «feed», à cliquer sur tel article plutôt que tel autre.
Incitatif.
Racoleur.
Putaclic.
Dans le jargon des rédactions.
LE MOTEUR EST LE MÊME POUR TOUS LES ARTICLES DE CE GENRE. IL S'AGIT DE PIQUER AU VIF LA CURIOSITÉ DE L'INTERNAUTE.
Saperlipopette ! L'étonnante nouvelle !
Un étrange ovni de forme humaine dans le ciel de Los Angeles !
QU'IMPORTE SI, AU FINAL, IL EST DÉÇU DU CONTENU. DE FAIT, IL S'AGISSAIT D'UN SIMPLE CANULAR.
Comment ?! Ceci ne serait que menterie !
UN CLASSIQUE DU PIÈGE À CLICS.
Les scélérats ! Ils se sont joués de nous !
L'AMBITION DES JOURNALISTES, LORSQU'ILS ARRIVENT AU SEIN DE CES MÉDIAS, SE HEURTE À LA RÉALITÉ DE LEUR FONCTIONNEMENT.
À moi l'investigation !
PLAF !
MUR DE LA RÉALITÉ

SOUMIS À LA PRESSION DU NOMBRE DE CLICS, LES JOURNALISTES SE RETROUVENT OBLIGÉS DE REPRENDRE DES ARTICLES WEB FAITS ET REFAITS.

LE TOUT AVEC UNE ÉCRITURE SENSATIONNALISTE POUR APPÂTER.

À CETTE PRODUCTION FRÉNÉTIQUE, IL FAUT AJOUTER LA RÉALISATION D'UNE VIDÉO POUR CHAQUE SUJET, SA DIFFUSION SUR LES RÉSEAUX, ET LA REPUBLICATION DE NOMBREUX ARTICLES.

À RAISON DE QUATRE ARTICLES AU MINIMUM À ÉCRIRE PAR JOUR ET PAR JOURNALISTE, PLUS LEUR MISE EN PAGE, LE RYTHME EST SOUTENU.

DIFFICILE, DANS CES CONDITIONS, D'ENQUÊTER OU MÊME DE CROISER LES SOURCES.

* Le prénom a été changé.

Tu n'as même plus le temps de vérifier tes infos, tu publies n'importe quoi qui fait un peu de buzz.
Et tu finis par te faire fact-checker par « Libé ».
Check News
« Je n'en ai jamais voulu à mon manageur, qui subit aussi cette pression, mais c'est ce qui nous amène à écrire des conneries. »
« Un jour, un site anglophone a fait un article totalement mensonger sur Kate Middleton et le prince William en titrant qu'ils étaient au bord du divorce.
Sauf que la source, c'était juste la rumeur qu'ils se seraient disputés lors d'un voyage. »
L'ARTICLE, PUBLIÉ UN VENDREDI, DONNE LIEU À DE NOMBREUX ARTICLES OUTRE-MANCHE DURANT LE WEEK-END.
By jove!
Good gracious!
Bloody hell!
LE LUNDI MATIN, LA DIRECTION DU SITE EN QUESTION EST EN ÉMOI APRÈS LA LECTURE D'UN COMMUNIQUÉ VENU TOUT DROIT DU PALAIS, DEMANDANT DE RETIRER L'ARTICLE SOUS PEINE DE POURSUITE JUDICIAIRE.

DANS LA FOULÉE, LA RÉDACTRICE EN CHEF MET EN GARDE LES SALARIÉS SUR LES SOURCES UTILISÉES, DE SORTE À NE PAS RÉITÉRER DE SCANDALE.
Chez nous aussi, quand il y a ce genre de souci, on a des rappels à l'ordre.
UNE AUTRE ERREUR A MARQUÉ LES ESPRITS.
EN AOÛT 2022, LE PHYSICIEN ÉTIENNE KLEIN PUBLIE SUR LES RÉSEAUX UNE TRANCHE DE CHORIZO, EN FAISANT CROIRE À UN NOUVEAU CLICHÉ DE L'ÉTOILE PROXIMA DU CENTAURE.
C'est d'la photo mon cochon !
Beauté !
Quelle sensation d'infini !
DE NOMBREUX JOURNALISTES TOMBENT ALORS DANS LE PANNEAU.
MALGRÉ CELA, LE TON RACOLEUR NE CHANGE PAS...
À la base, on m'avait vendu un poste dans un média engagé sur les thématiques féministes. Et je me suis retrouvée à faire du people et du putaclic.
Y a rien sur Chalamet ce midi ?
FACE À UNE PRÉCARISATION ACCRUE, LE PASSAGE PAR LES MÉDIAS D'INFOTAINMENT RESTE ENCORE UNE PORTE D'ENTRÉE DANS LE MÉTIER.
Au revoir Albert Londres.
Bonjour les Kardashian.

Entre l'école et le premier travail, les journalistes font le grand écart.
Ils se trouvent aux antipodes de ce qu'ils voulaient faire.
JEAN-MARIE CHARON, SOCIOLOGUE SPÉCIALISTE DES MÉDIAS
Le métier passion se retourne. Quand il est tellement le contrepied de son ambition, on peut très bien considérer que le jeu n'en vaut pas la chandelle.
Je ne serai pas le nouveau Joseph Kessel.
Ni moi la nouvelle Françoise Giroud.
C'était la douche froide. Je me sentais tiraillée entre la volonté de faire un bon article et les demandes d'en haut, à savoir faire du clic et donc de l'argent.
JE RESSENTAIS EXACTEMENT LA MÊME CHOSE. NOTAMMENT AU LENDEMAIN DES VIOLENTS TREMBLEMENTS DE TERRE DE FÉVRIER 2023 EN TURQUIE.
Si on écrivait : « Le plus puissant tremblement de terre de l'histoire », pour surfer sur le sensationnalisme de l'événement ?
AVEC LE RECUL, J'AI L'IMPRESSION D'AVOIR EXPÉRIMENTÉ UN SENTIMENT COMPARABLE À CELUI DE DAVID PUJADAS, LE 11 SEPTEMBRE 2001. DÉCOUVRANT L'ÉVÉNEMENT HORS ANTENNE, IL AVAIT LAISSÉ ÉCHAPPER :
GÉNIAL !

* Le prénom a été changé.

DÉPENDANT DES RÉSEAUX SOCIAUX POUR LA DIFFUSION DE LEURS CONTENUS, LES PURE PLAYERS CHERCHENT ÉGALEMENT À FAIRE RÉAGIR LE LECTORAT DANS LA SECTION «COMMENTAIRES».

PLUS UN ARTICLE CRÉERA D'INTERACTIONS ET PLUS IL SERA VISIBLE.

C'EST POURQUOI, CERTAINES RÉDACTIONS N'HÉSITENT PAS À ADOPTER UNE POSTURE DITE «ENGAGÉE», SUR CERTAINS THÈMES SOCIAUX QUI POLARISENT LES INTERNAUTES AUTOUR DE POSITIONS CLIVANTES.

* Lors d'une interview au Salon des entrepreneurs en 2019.

Une interaction poussée par un certain type de « wording ».
ON DÉSIGNE AINSI LA MANIÈRE DE TITRER UN ARTICLE EN USANT DE TEL OU TEL MOT CLÉ.
ALORS QU'UNE TEMPÊTE FAIT RAGE, CET HOMME TOND SA PELOUSE
TIMOTHÉE CHALAMET NOUS PARLE DE SES CHEVEUX
?
IL ACHÈTE UNE MAISON ET DÉCOUVRE QUELQUE CHOSE DE TERRIFIANT SOUS LA MOQUETTE
CETTE FILLETTE N'A JAMAIS MANGÉ DE SUCRE, DEPUIS SA NAISSANCE
LÉNIE OPTE POUR UN CHANGEMENT CAPILLAIRE QUI CHAMBOULE LA TOILE, « INCROYABLE »
M
McDONALD'S : L'INCROYABLE VÉRITÉ SUR LES CHICKEN McNUGGETS
CÉLINE DION AU PLUS MAL : LES DERNIÈRES RÉVÉLATIONS DE SA NEUROLOGUE
STAR ACADEMY : CLARA ÉLIMINÉE, LES INTERNAUTES INDIGNÉS
L'USAGE DE NOMBREUX ADJECTIFS EST ÉGALEMENT RECOMMANDÉ.
CETTE TECHNIQUE PERMET À L'ARTICLE D'ÊTRE BIEN RÉFÉRENCÉ PAR LES MOTEURS DE RECHERCHE, DE PROVOQUER DES RÉACTIONS ET, POTENTIELLEMENT, DE DEVENIR VIRAL.
Ahmaisnonpasdutoutpasd'accordscandaleuxlahonten'importequoietpuisquoiencorec'estindigne
Clic

POUR RENFORCER CETTE TENDANCE, CES MÉDIAS VONT AJOUTER UNE PETITE PHRASE INCITATIVE EN DESCRIPTION DE L'ARTICLE PUBLIÉ.

« Mais on ne peut pas survivre sans ces clics et sans les pubs dans les articles. Ils rendent possible le travail derrière. »
CLIC
ARTICLE
PUB
Ce que nous montrent les études, c'est que le cerveau n'est pas multitâche et qu'il sature très vite.
RÉMY RIEFFEL
Les réseaux sociaux font partie de cette vaste économie de l'attention.
Coucou.
Hmm !
Ici !
Là !
Hé !
Psst !
Hello !
« Et les développeurs web de ces plateformes savent très bien comment la solliciter. »
SCANDALE
GÉNIAL
« Nous réagissons plus à ce qui nous procure des émotions qu'aux discours argumentés. »
C'est un article sur la pollution de l'air ?
Non, la photo d'un mulot dépressif.

« Les plateformes usent de nos biais cognitifs pour nous garder en ligne, ainsi les médias d'infotainment vont être privilégiés par les algorithmes. »
Forcément... Tu me mets un mulot ou Karine Le Marchand, je clique.
Obligé.
Ben tiens, justement.
K. LE MARCHAND EST-ELLE ALLÉE TROP LOIN ?
Avec un mulot ?
Le sensationnel, la polémique, le trash, c'est ce qui fait réagir.
RÉMY RIEFFEL
« On fait essentiellement appel aux affects, aux émotions du public. »
Je veux du frisson !
Je veux de la chair !
Je veux du sentiment !
Je veux de l'émotion !
« C'est une logique économique et quelque peu machinique car on se fonde sur des métriques : le nombre de réactions, de partages et de clics. »
Mais surtout...
JE VEUX DU CLIC !!!

* « Le Putaclic, ou comment prendre les internautes pour des pantins » par Mélissa Rigot, Centre permanent pour la citoyenneté et la participation, 2017.

Alléchés par la croissance du marché publicitaire sur Internet, les pure players vont alors sortir du modèle de financement classique des médias...
Plus besoin d'abonnement pour avoir accès aux articles.
Konbini
EDF
... en recourant au «native advertising», c'est-à-dire proposer un article écrit avec une marque pour promouvoir son contenu.
Le contenu proposé est gratuit.
Une astuce pratique pour contourner les bloqueurs de publicité.
C'est par exemple le cas d'une des vidéos de Konbini réalisée en partenariat avec EDF et présentée par Samuel Étienne.
GENT SIDE.
LABEL 5
Ou celui d'un article de Gentside avec Label 5.
La première nous apprend comment baisser sa facture d'électricité.
Le second, la distillation du whisky.

* En août 2017, au « Monde diplomatique ». ** En décembre 2010, à « Media junkie ».

CETTE SYNERGIE EST PORTÉE PAR LES CHIFFRES DU MARCHÉ PUBLICITAIRE EN LIGNE ET PAR LA PART D'ATTENTION DES FRANÇAIS AUX RÉSEAUX SOCIAUX.

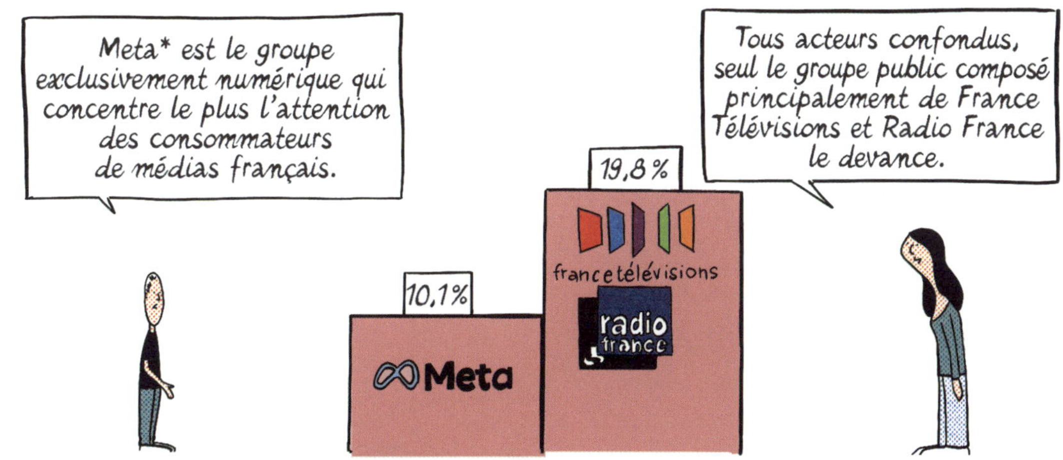


* Qui possède Facebook, Instagram, WhatsApp...

CETTE CROISSANCE EST LA PLUS FORTE TOUS SUPPORTS MÉDIATIQUES CONFONDUS (PRESSE, TV, RADIO, AFFICHAGE, CINÉMA).

* D'après « Une analyse de la concentration de l'attention par les groupes médiatiques en France » par Sylvain Dejean, Marianne Lumeau et Stéphanie Peltier, HAL Open Science, juin 2023. ** Propos prononcés au cours d'un live vidéo diffusé en interne le 1er juin 2022, d'après le média Streetpress.

1. BAROMÈTRE UNIFIÉ DU MARCHÉ PUBLICITAIRE EN FRANCE (BUMP), 2024

DANS LA RÉDACTION QUI M'EMPLOYAIT NOUS AVIONS PAR EXEMPLE POUR CONSIGNE D'ÉCRIRE SUR LES DERNIERS DRAMAS AYANT EU LIEU SUR LE PLATEAU DE « TOUCHE PAS À MON POSTE » (TPMP), PRÉSENTÉ PAR CYRIL HANOUNA.

CLOTILDE :

« La mission était de regarder le programme le soir et de faire des articles sur des séquences qui buzzaient sur les réseaux sociaux. C'était vraiment des cartons d'audience. »

1. CLASSEMENTS NUMÉRIQUES DE L'ALLIANCE POUR LES CHIFFRES DE LA PRESSE ET DES MÉDIAS (ACPM), DÉCEMBRE 2023.

Des aléas fréquents pour des médias à la merci de leurs canaux de diffusion.
UNE CHUTE QUE CERTAINS TENTENT DE COMPENSER PAR LE RECOURS À L'INTELLIGENCE ARTIFICIELLE (IA) POUR PRODUIRE LEURS ARTICLES.
Le chaton kawaï ne suffit plus. On va passer au chat.
ChatGPT.
Quand ChatGPT est arrivé, on a fait bloc.
UNE ANCIENNE RÉDACTRICE
« On était vraiment contre. »
« Déjà que l'écriture de nos articles nous amenait parfois à être des robots qui produisent sans vraiment réfléchir, ChatGPT allait vraiment nous rendre inutiles. »
Vous allez demander à un robot d'écrire comme un humain qui écrit comme un robot ?
VOYANT LEUR TRAVAIL CANTONNÉ À LA REPRISE D'ARTICLES ÉCRITS PAR D'AUTRES, CERTAINS RÉDACTEURS SONT TENTÉS D'USER DES IA.
Bon.
Juste pour goûter et après j'arrête.

DANS NOTRE GROUPE, ON UTILISE PAR EXEMPLE CHATGPT POUR LE MONTAGE DE VIDÉOS,
C'est faaaaait !
Déjà ?!
OU L'ÉCRITURE DE CERTAINS ARTICLES RAPIDES À PRODUIRE COMME CEUX SUR LE RAPPEL DE PRODUITS ALIMENTAIRES.
A y eeeest !
UNE ANCIENNE MANAGEUSE SEO CHEZ DEMOTIVATEUR
SEO ? «Search engine optimization», ou l'écriture de contenus optimisés pour remonter dans les résultats des moteurs de recherche.
«Nous, on partait du principe de ne pas utiliser d'IA.»
JA-MAIS !
«Après, moi, j'ai fait des tests avec ChatGPT.»
Ça a bien marché, mes articles ont fait de bonnes audiences.
Je pense qu'il y en a plein qui n'ont pas fait la différence.
Pour moi le média qui te dit : «nous, on ne l'utilise pas», ment. Moi-même, quand j'écris des vidéos pour des entreprises, je demande à ChatGPT de me faire un petit texte juste en lui donnant quelques mots clés.

SITE PIONNIER DANS L'INFOTAINMENT, LE MÉDIA BUZZFEED EST ALLÉ JUSQU'À FAIRE UN PARTENARIAT AVEC OPEN AI, LE CRÉATEUR DE CHATGPT.
BuzzFeed
Je me demande si c'est une si bonne nouvelle que ça.
EN MAI 2023, « JDD MAGAZINE » AVAIT EU RECOURS AU LOGICIEL MIDJOURNEY AFIN DE GÉNÉRER SA COUVERTURE.
DEUX MOIS AVANT, « LE FIGARO » AVAIT LUI AUSSI EU RECOURS À UNE IA POUR ILLUSTRER UN ARTICLE SUR UNE ESCROQUERIE À L'HÉRITAGE.
YVETTE
Une nouvelle étape dans la production d'un certain type de journalisme...
Sans journalistes.

# « L'information brute est rarement rentable »

Publireportages, liens avec des intérêts privés, création d'épreuves sportives... La rentabilité à tout prix n'a pas attendu l'arrivée d'Internet pour être au cœur de la stratégie de nombreux médias, nous rappelle l'historien Patrick Eveno, auteur du « Que sais-je ? » *La Presse* (PUF, 2010) et de *L'Argent de la presse française des années 1820 à nos jours* (2003).

**Patrick Eveno**
est professeur émérite d'histoire et d'économie des médias à l'université Paris-I-Panthéon-Sorbonne. Il a été président du Conseil de déontologie journalistique et de médiation.

8 Le Petit Parisien [illegible]

# GRAND CONCOURS du Petit Parisien

## Le Problème

**Nous avons eu : Amusant, instructif et facile. Qu'on en juge :**

Nous prenons une bouteille dont nous donnons ci-contre le dessin, grandeur naturelle, d'après une photographie. Nous indiquons ses trois dimensions essentielles, car il se peut qu'à l'impression les lignes se trouvent altérées et n'entraînent des erreurs dans la recherche de la solution.

Au fond de la bouteille existe un renflement intérieur dont le volume est à déduire de la capacité du récipient.

En présence des membres de la commission spéciale que nous avons instituée pour assurer la sincérité des opérations de notre concours, on verse dans la bouteille du blé soigneusement nettoyé, prêt à la mouture, et appartenant à une catégorie qui revient à 22 francs les 100 kilogrammes.

Ainsi qu'on peut le voir par notre dessin, la bouteille n'est pas complètement remplie. Il existe à sa partie supérieure un vide qu'il est aisé de calculer.

Après avoir été bouchée et soigneusement scellée, la bouteille est déposée dans un coffre-fort d'un grand établissement public, et les opérations que nous venons de mentionner sont consignées dans un procès-verbal signé par les membres de la commission.

***Nous ignorons la quantité de blé qui a été introduite dans la Bouteille***

C'est à nos lecteurs de nous l'apprendre.

Nous leur demandons donc de répondre à cette question :

**Combien de grains de blé la bouteille contient-elle ?**

Afin de faciliter le classement des concurrents qui nous enverraient des solutions identiques, nous les invitons également à répondre à cette autre question :

**Quel est le poids du blé qui se trouve dans la bouteille ?**

**TOUT LE MONDE VOUDRA CONCOURIR**

## LES PRINCIPAUX PRIX

1er Prix : Espèces. . . . . 25,000 fr.
2e Prix : Une maison à Montfermeil-Franceville (à 20 minutes de Paris). Valeur. . 15,000 fr.
3e Prix : Un chalet au bord de la mer, à Franceville, près Cabourg. Valeur. . . 12,000 fr.
4e Prix : Une Automobile de Dion (pneumatiques Dunlop). 4,900 fr.

L'Automobile de 4,900 francs

5e Prix : Une Automobile de Dion (pneumatiques Dunlop). 4,100 fr.

L'Automobile de 4,100 francs

6e Prix : Un piano à queue de Gaveau. . . . 2,500 fr.

**UNE FORTUNE**
DANS UNE
**BOUTEILLE**
**250,000 Francs de PRIX**
*PRÈS DE 12,000 PRIX*

La bouteille est remplie de blé jusqu'à la ligne tracée au-dessous du goulot.

**Combien de grains de blé la bouteille contient-elle ?**
**Quel est le poids du blé qui se trouve dans la bouteille ?**

*Le problème consiste à trouver une réponse à chacune de ces questions*

DIMENSIONS PRINCIPALES DE LA BOUTEILLE :

Hauteur totale, bouchon non compris. . . . 37 centimètres
Le plus grand diamètre supérieur. . . . . 12 cent. 5 mill.
Le plus grand diamètre inférieur. . . . . 11 — 5 —

Nous ne donnerons aucune autre indication sur les dimensions de la bouteille. Il est donc inutile de nous en demander. Le problème est posé une fois pour toutes. Nous reproduisons ci-dessous un spécimen du bulletin de concours :

BULLETIN DE CONCOURS

Grand Concours du "Petit Parisien"
250,000 francs de prix — Près de 12,000 prix
1er Prix : 25,000 francs espèces
QUESTIONS — RÉPONSES
Nom
Prénoms
Adresse complète

## Méthode pour concourir

Le Concours sera ouvert le 18 octobre. A cette date, on trouvera chez tous les dépositaires du **Petit Parisien**, chez tous les libraires qui vendent notre journal, dans tous les kiosques, à Paris, dans les départements et à l'étranger, des bulletins de concours donnant, en réduction, le dessin de la bouteille avec l'indication de ses dimensions principales, pour aider à la solution du problème. Il suffira d'inscrire en regard de chacune des deux questions portées sur le bulletin, dont nous publions une reproduction au bas de cette page, les chiffres qu'on aura trouvés.

On ne pourra concourir qu'une fois.

CONDITION TRÈS IMPORTANTE : Chaque bulletin qui nous parviendra devra être accompagné de ***10 en-têtes*** du **Petit Parisien** portant les trois dernières lettres du titre du journal, avec la date des numéros, ces en-têtes formant une série ininterrompue du 18 octobre au 27 inclus :

EXEMPLE : ien
DIMANCHE 18 OCTOBRE 1903

Les solutions pourront nous parvenir de trois manières :

1° En remettant à nos dépositaires des villes ou localités où existent des gares les enveloppes spéciales *non affranchies* contenant le bulletin de concours et les *10 en-têtes*.

2° Dans l'autre cas, en nous les expédiant directement à l'adresse suivante : M. LE DIRECTEUR DU GRAND CONCOURS DU "PETIT PARISIEN", 18, RUE D'ENGHIEN, PARIS (10e arrond[t]), sous enveloppe *ordinaire affranchie à 15 centimes*. Nous aurons le regret de refuser les envois non affranchis ou ceux qui ne le seront pas suffisamment ;

3° En les déposant ou en les envoyant déposer à notre guichet spécial, 18, *rue d'Enghien*.

***Le Concours sera ouvert le 18 octobre et fermé le 5 novembre, à six heures du soir***

Après la fermeture du concours et alors que toutes les solutions auront été centralisées dans nos bureaux, commenceront les travaux de dépouillement. Celui-ci achevé, la bouteille sera descellée et les grains de blé seront comptés et pesés publiquement.

**RÉPÉTONS QUE TOUS LES PRIX SERONT DISTRIBUÉS**

## LISTE DES 200,000 FRANCS

**d'autres prix, dont 100,000 francs de bijoux et d'objets divers achetés, au prix du catalogue, dans les GRANDS MAGASINS DU LOUVRE, lesquels ont bien voulu se charger d'en effectuer l'expédition, ou la livraison, *franco*, aux lauréats de notre grand Concours.**

Tricycle à pétrole de Dion (pneus Dunlop)

**Pionnier en matière d'autopromotion, « Le Petit Parisien » organise en 1903 un concours qui attire plus d'un million de participants.**

**La logique à l'œuvre dans le phénomène des « pièges à clics » est-elle liée à l'émergence des médias en ligne ?**

En réalité, tout ça n'est pas nouveau. Depuis toujours, la presse a un problème : l'information brute est très rarement rentable, même si on rencontre toujours quelques contre-exemples. Il faut donc trouver d'autres moyens de financer les rédactions. C'est une des raisons pour lesquelles on a inventé la publicité : on la doit à Émile de Girardin, qui lance le quotidien *La Presse* en 1836. Son idée est de baisser le prix du journal, et donc d'avoir beaucoup plus de lecteurs, en y laissant la part belle aux annonceurs.

**Encore faut-il que le succès soit au rendez-vous...**

Même Hubert Beuve-Méry, fondateur du *Monde* et parangon de vertu de la presse française, disait que l'article le mieux écrit et le plus intelligent ne servait à rien s'il n'était pas lu. Il faut donc trouver un moyen d'être séduisant, d'attirer le chaland. C'est dans cette optique que fleurissent les feuilletons, ceux d'Alexandre Dumas, d'Honoré de Balzac. Et avec eux, cette idée d'attirer le public en lui faisant lire quelque chose qui n'a rien à voir avec l'information. Au début du XX^e siècle, *Le Petit Parisien* avait imaginé les concours : combien de grains de blé dans cette bouteille d'un litre ? À la même époque, c'est aussi la grande mode de la création d'épreuves sportives, comme le Tour de France cycliste, lancé par le quotidien *L'Auto* en 1903. De nombreux journalistes étaient alors férus de sport ou de nouvelles technologies, comme le téléphone... L'important c'était de faire du buzz, comme on dirait aujourd'hui.

**L'*INFOTAINMENT* EST DANS LA CONTINUITÉ DE LA PRESSE DE RAGOTS NÉE DÈS L'ENTRE-DEUX-GUERRES**

**L'appel à l'émotion qui structure les médias d'*infotainment* n'a-t-elle pas fait franchir à cette logique un pas supplémentaire ?**

Elle est peut-être plus forte que jamais aujourd'hui, avec des sites où il faut « faire du clic » pour augmenter les revenus, mais au fond ces plateformes sont dans la continuité de la presse de ragots, qui est née dès l'entre-deux-guerres. De la presse la plus farfelue à la plus sérieuse, il y a toujours eu ce souci d'attirer le public, puis de le fidéliser.

**Quelle sera la prochaine mutation de cette recette sans cesse renouvelée ?**

Difficile à dire, car la concurrence des réseaux sociaux est toujours plus grande. Ils offrent toute une série de distractions qui sont en train de remplacer cette pratique traditionnelle, d'autant qu'ils sont gratuits et presque sans limite : les contenus se renouvellent sans cesse et les algorithmes parviennent à déterminer ce que vous préférez, vous proposant ainsi une offre toujours plus adaptée. C'est devenu aujourd'hui la nouvelle façon de se divertir, mais aussi de s'informer, et cela menace tout l'écosystème médiatique, y compris la presse généraliste et la télévision.

PROPOS RECUEILLIS PAR **BAPTISTE BOUTHIER**

## À LIRE

***De l'information au piège à clics,*** **de Sophie Eustache et Jessica Trochet. Une analyse édifiante de la porosité entre journalisme et communication créée par les médias d'*infotainment*, au bénéfice des marques et des publicitaires.** *Le Monde diplomatique* (août 2017).

## À VOIR

***Konbini : créer un média d'infodivertissement pseudo-engagé,*** **d'Un Créatif. Critique des nouvelles formes de communication et de publicité, le vidéaste s'attarde ici sur les nouveaux médias d'*infotainment*.**
YouTube, 15 min (2018).

# Face B

**Jello Biafra.** Affublé d'un nom de dessert industriel, homme politique, militant écologiste, créateur de label et surtout chanteur punk : à 66 ans, le fondateur des Dead Kennedys cultive ses multiples facettes avec une radicalité sans faille.

ARNAUD LE GOUËFFLEC NICOLAS MOOG

SAN FRANCISCO EST LA VILLE DES HIPPIES
ET DU PLUS FAMEUX GROUPE DU GENRE, GRATEFUL DEAD,
SYMBOLE DE LA DROGUE ET DU FLOWER POWER
– TOUT CE QUE BIAFRA DÉTESTE.

C'EST AUSSI LE BERCEAU DE GROUPES TRÈS ATYPIQUES.

LE PUNK S'Y FORGE UNE SCÈNE ORIGINALE.

C'EST SURTOUT UNE VILLE PROFONDÉMENT POLITIQUE.

BERCEAU DE LA BEAT GENERATION,
DU SUMMER OF LOVE DE 1967,

DES DIGGERS, LE COLLECTIF ANARCHISTE
QUI ANTICIPERA LES RESTOS DU COEUR
DE COLUCHE,

DES BLACK STUDIES*,

ET DU MOUVEMENT DE LIBÉRATION GAY.

* Champ d'études interdisciplinaire consacré à l'histoire, la culture et la politique des personnes noires américaines.

EN 1978, HARVEY MILK, MILITANT DE LA CAUSE HOMOSEXUELLE, Y EST ASSASSINÉ EN MÊME TEMPS QUE LE MAIRE, GEORGE MOSCONE. LE VERDICT DU PROCÈS, JUGÉ TROP CLÉMENT, PROVOQUE LES « WHITE NIGHT RIOTS », ÉMEUTES IMPLIQUANT DE NOMBREUX MEMBRES DE LA COMMUNAUTÉ GAY.

LE PREMIER ALBUM DES DEAD KENNEDYS MONTRE DES VOITURES DE POLICE EN FLAMMES, UNE PHOTO PRISE CETTE NUIT-LÀ.

LE CONTENU : QUATORZE BRÛLOTS PUNKS, TREMPÉS DANS L'ÉCHO DU ROCK GARAGE – LA FAUTE À LA GUITARE SURF D'EAST BAY RAY ET À LA BASSE ORIENTALISANTE DE KLAUS FLOURIDE.

SARDONIQUE ET RADICAL, BIAFRA DÉNONCE LE CYNISME DES YUPPIES*, ATTAQUE LA DROITE MORALE, LES MANIPULATIONS DE MASSE, ET LE GOUVERNEUR DE CALIFORNIE, JERRY BROWN.

EN MATIÈRE D'AGIT-PROP, IL EST DÉJÀ UN MAÎTRE. EN 1979, IL SE PRÉSENTE AUX ÉLECTIONS MUNICIPALES DE SAN FRANCISCO.

* Jeunes cadres et entrepreneurs évoluant dans les milieux du commerce international et de la haute finance.

LE PROGRAMME
« OBLIGER LES HOMMES D'AFFAIRES À S'HABILLER EN CLOWNS. »
« ÉRIGER UNE STATUE DU TUEUR D'HARVEY MILK ET VENDRE DES OEUFS, DES TOMATES ET DES PIERRES POUR JETER DESSUS. »
« NOMMER UN CONSEIL DE LA CORRUPTION QUI FIXERAIT DES PRIX ÉQUITABLE POUR LES POTS-DE-VIN. »
BIAFRA FOR MAYOR
MAIS IL CONTIENT AUSSI DES REVENDICATIONS BEAUCOUP PLUS SÉRIEUSES :
« INTERDICTION DES VOITURES AU CENTRE-VILLE, POUR RÉGLER LES PROBLÈMES DE POLLUTION. »
« FAIRE ÉLIRE LES POLICIERS PAR LES HABITANTS DES QUARTIERS OÙ ILS PATROUILLENT. »
« LÉGALISATION DES SQUATS D'IMMEUBLES VIDES. »
IF HE DOESN'T WIN... I'LL KILL MYSELF
À SAN FRANCISCO, REFUGE DES SANS-ABRIS, IL Y A TANT D'IMMEUBLES À L'ABANDON... C'EST TOUT SIMPLEMENT OBSCÈNE.
My RECORD Speaks for ITSELF
TOUT JELLO EST LÀ, ENTRE IRONIE MORDANTE ET APPEL À LA JUSTICE SOCIALE
TOUS ENSEMBLE POUR LEUR FOUTRE AU CUL AVEC Coluche
— CE QUI N'EST PAS SANS RAPPELER CERTAINS.
JELLO REMPORTE UN SCORE PLUS QU'HONORABLE : 6591 VOTES, SOIT 3,75 % DES VOIX... ET UNE PLACE DE CHOIX DANS LE COLLIMATEUR DE LA DROITE MORALE.

LES DISQUES SUIVANTS SE RADICALISENT, FERS DE LANCE DE CE QU'ON APPELLE DÉSORMAIS LE PUNK HARDCORE AMÉRICAIN. PLUS DUR, PLUS VIOLENT, PLUS RAPIDE, LES DEAD KENNEDYS SE DISTINGUENT DES AUTRES PAR UN SENS SURAIGU DE LA PROVOCATION.

(1981)

QUI LEUR VAUT, CONSÉCRATION, D'ÊTRE BANNIS DES ONDES ET DES SCÈNES BRITANNIQUES.

AUX BAY AREA MUSIC AWARDS DE 1980, SORTE DE VICTOIRES DE LA MUSIQUE, ILS FONT SCANDALE.

(* EST-CE QUE MA BITE EST ASSEZ GROSSE ET MON CERVEAU ASSEZ PETIT POUR QUE TU FASSES DE MOI UNE STAR ?)

TANDIS QUE LA DROITE AMÉRICAINE TRIOMPHE DANS LES URNES, ILS SONT LA TÊTE D'AFFICHE DU FESTIVAL ROCK AGAINST REAGAN.

PARENTAL
ADVISORY
EXPLICIT CONTENT

En 1985 sort le quatrième album du groupe, « Frankenchrist », dans lequel on trouve un poster du plasticien suisse H.R. Giger, mettant en scène un « paysage de pénis », métaphore idéale du capitalisme reaganien, selon Biafra.

Mais la mère de la jeune Tammy, qui vient d'acheter le disque, ne partage pas cette vision, et porte plainte.

Le 15 avril 1986, des policiers viennent perquisitionner dans l'appartement de Biafra.

Le PMRC* s'engouffre dans la brèche. Créé par des épouses d'hommes politiques influents, il milite pour une censure morale des disques, et est à l'origine de la mention « Explicit lyrics », équivalent du fameux carré blanc de la télé française.

* Parents Music Resource Center

(Centre de ressources musicales pour parents)

Tipper Gore, épouse d'Al Gore, sénateur du Tennessee, futur vice-président

Le label Alternative Tentacles est une proie facile, sans agent ni avocat. Le faire condamner permettrait de créer un précédent.
Mais c'est compter sans le tempérament de Biafra.

Le No More Censorship Defense Fund**, lancé par Biafra, récolte 30 000 dollars de fonds.
Frank Zappa, ennemi historique des censeurs américains, fait partie des contributeurs.

** Cagnotte contre la censure.

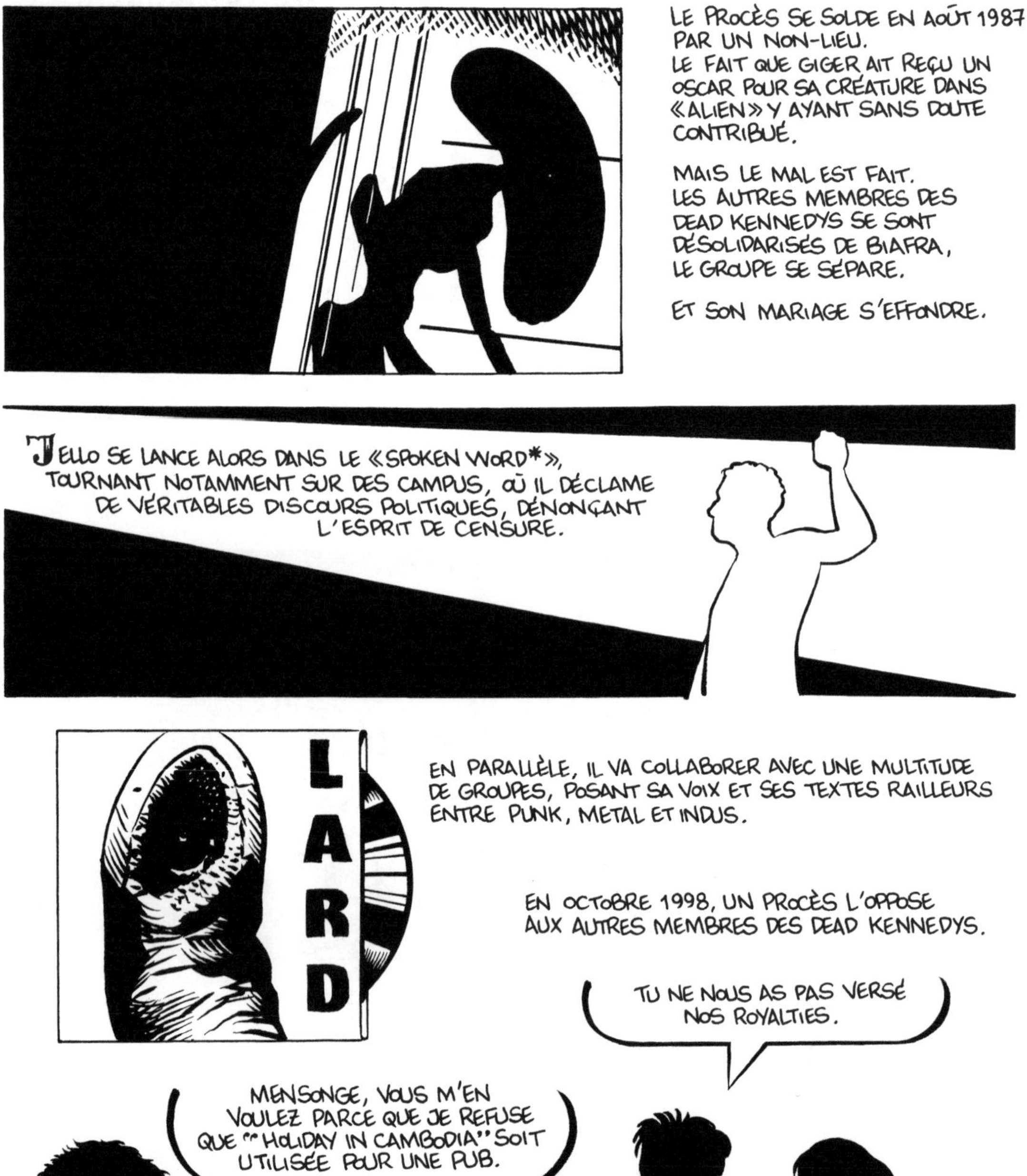


* Art du texte lu, hérité du mouvement beatnick, précurseur du slam.

MILITANT ÉCOLOGISTE, IL S'EST PRÉSENTÉ À L'INVESTITURE DU GREEN PARTY, POUR L'ÉLECTION PRÉSIDENTIELLE AMÉRICAINE EN 2000, SANS SUCCÈS.

LE PARCOURS DE JELLO BIAFRA FRAPPE PAR SA LONGÉVITÉ ET SA CONSTANCE. ALTERNATIVE TENTACLES EST DEVENU L'UN DES LABELS LES PLUS INFLUENTS DE L'HISTOIRE DU ROCK.

AUTEUR D'UNE SATIRE FÉROCE DU RÊVE AMÉRICAIN, IL EST LE JONATHAN SWIFT PUNK, TREMPANT SA PLUME DANS LE MÊME VITRIOL,

INCARNANT LA MAUVAISE CONSCIENCE DU RÊVE AMÉRICAIN – EN MÊME TEMPS QU'UN DE SES PLUS PERSISTANTS CAUCHEMARS.

OR DANS MAUVAISE CONSCIENCE, IL Y A CONSCIENCE.

LAQUELLE NE PEUT PARFOIS S'EXPRIMER QU'À TRAVERS LE BRUIT ET LA FUREUR DE L'INDIGNATION.

RODOLPHE SAADÉ

# CAP SUR LES MÉDIAS

L'histoire a comme un goût de déjà-vu. C'est celle d'un milliardaire qui, en quelques années, s'est offert la casquette de magnat des médias. Déjà détenteur des journaux *La Tribune, Corse-Matin* et *La Provence,* un certain Rodolphe Saadé est devenu, le 2 juillet dernier, propriétaire de RMC et de BFM-TV. Avec cette prise de taille, il a rejoint le club des Vincent Bolloré, Bernard Arnault, Xavier Niel, etc. Mais qui est ce nouveau grand patron dont personne ou presque n'a encore entendu parler ? Quelles sont ses intentions ? Portrait d'un capitaine d'industrie qui navigue entre réseaux locaux et mondialisation.

**AURORE GORIUS** **VINCENT SOREL**

QUELQUES JOURS PLUS TÔT, JOURNALISTES ET TECHNICIENS ONT APPRIS QUE LEUR MÉDIA CHANGEAIT DE MAINS.
PATRICK DRAHI, PATRON DU GROUPE ALTICE, A REVENDU LA CHAÎNE TÉLÉ, AINSI QUE LA RADIO RMC, À LA COMPAGNIE MARITIME CMA CGM, PROPRIÉTÉ DE LA FAMILLE SAADÉ.
SON PDG NE TARDE PAS À ÊTRE INTERPELLÉ PAR LA RÉDACTION.
En cas d'éventuel scandale touchant la compagnie maritime, la rédaction aura-t-elle toute latitude pour en parler ?
Je ne réagirai pas bien et je le ferai savoir.
Je ne suis pas interventionniste, mais je considère que c'est très agressif d'avoir une attitude agressive contre son actionnaire.
Il faut que l'information existe.
Mais je suis particulièrement déçu quand je vois qu'il y a seulement un petit encart dans mes journaux quand mon groupe fait quelque chose de bien.

TROIS JOURS PLUS TARD, LE VENDREDI 22 MARS, UN AUTRE MÉDIA DÉTENU PAR LA CMA CGM, LE QUOTIDIEN «LA PROVENCE», EST LE THÉÂTRE D'UNE INGÉRENCE MUSCLÉE.
LE DIRECTEUR DE LA RÉDACTION, AURÉLIEN VIERS, EST MIS À PIED APRÈS UNE UNE SUR UN DÉPLACEMENT D'EMMANUEL MACRON À MARSEILLE CONSACRÉ À LA LUTTE ANTIDROGUE.
La Provence.
"Il est parti et nous, on est toujours là..."
LA PAROLE RAPPORTÉE EST CELLE D'UN HABITANT DE LA CASTELLANE DÉNONÇANT L'OPÉRATION COMMUNICATION DU CHEF DE L'ÉTAT, ET TRADUISANT LA DÉCEPTION DES MARSEILLAIS CONFRONTÉS AU TRAFIC DE STUPÉFIANTS.
Hier ils ont trouvé tous les moyens nécessaires pour encadrer la visite du président.
Il est parti, et nous on est toujours là, dans la même galère.
LE PLAN GOUVERNEMENTAL, BAPTISÉ «PLACE NETTE XXL», NE LES A PAS CONVAINCUS.
Le président est venu se montrer avant les élections, pas pour changer la vie des habitants.

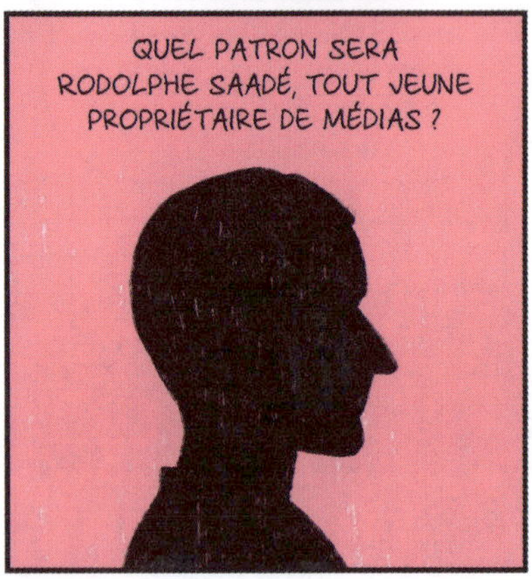


UN VINCENT BOLLORÉ EN PUISSANCE,

**HYPER INTERVENTIONNISTE**

À L'ÉGARD DES RÉDACTIONS DES MÉDIAS QU'IL RACHÈTE (I-TÉLÉ DEVENUE CNEWS, «PARIS MATCH», «LE JDD», EUROPE 1...)

OU UN PROPRIÉTAIRE RESPECTUEUX

**DU PLURALISME ET DE LA LIBERTÉ D'INFORMER ?**

* DE FAÇON NON EXÉCUTIVE.

* ANGLICISME QUI DÉSIGNE UN MAGNAT, UN ENTREPRENEUR INFLUENT.

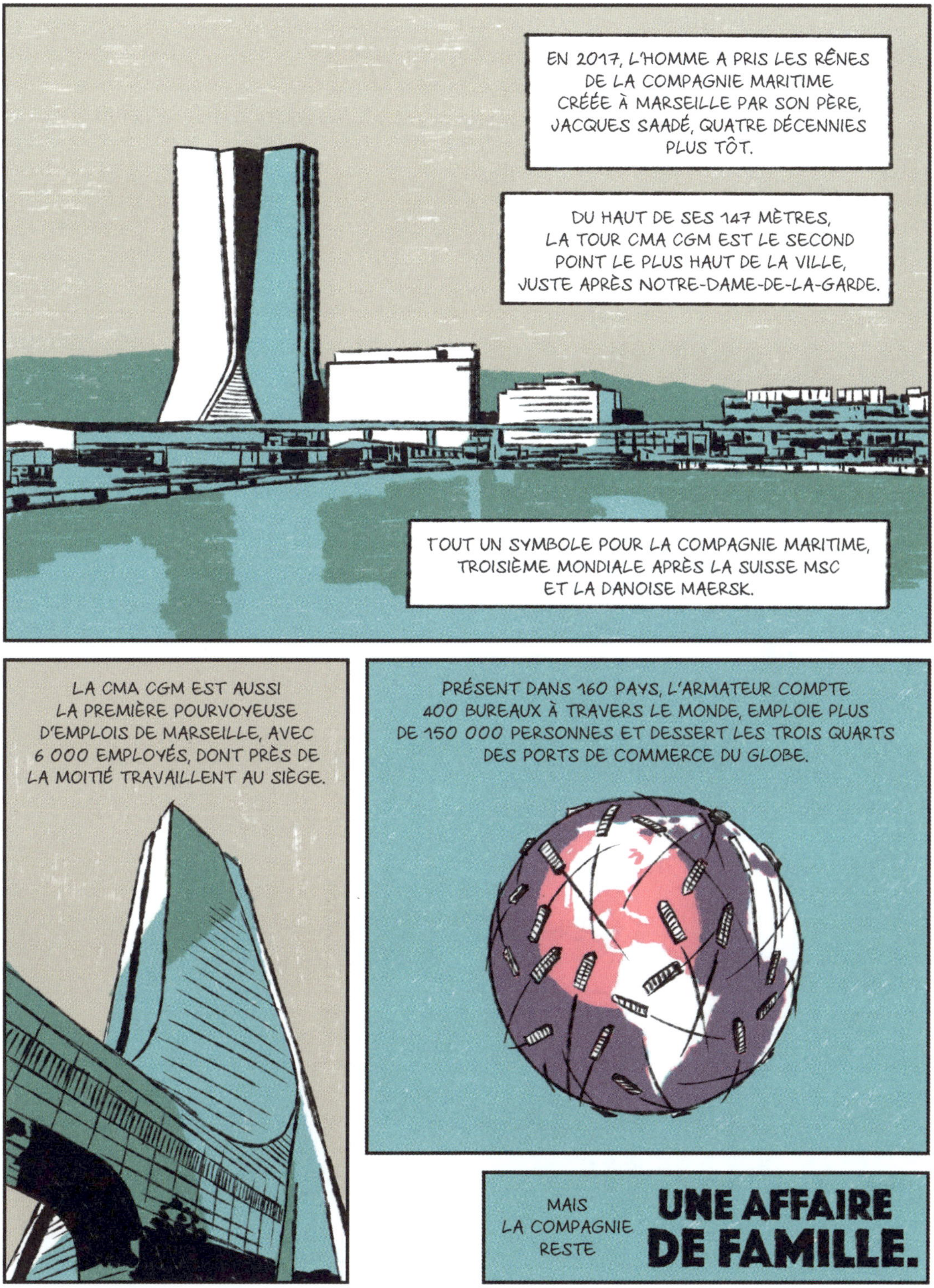
EN 2017, L'HOMME A PRIS LES RÊNES DE LA COMPAGNIE MARITIME CRÉÉE À MARSEILLE PAR SON PÈRE, JACQUES SAADÉ, QUATRE DÉCENNIES PLUS TÔT.
DU HAUT DE SES 147 MÈTRES, LA TOUR CMA CGM EST LE SECOND POINT LE PLUS HAUT DE LA VILLE, JUSTE APRÈS NOTRE-DAME-DE-LA-GARDE.
TOUT UN SYMBOLE POUR LA COMPAGNIE MARITIME, TROISIÈME MONDIALE APRÈS LA SUISSE MSC ET LA DANOISE MAERSK.
LA CMA CGM EST AUSSI LA PREMIÈRE POURVOYEUSE D'EMPLOIS DE MARSEILLE, AVEC 6 000 EMPLOYÉS, DONT PRÈS DE LA MOITIÉ TRAVAILLENT AU SIÈGE.
PRÉSENT DANS 160 PAYS, L'ARMATEUR COMPTE 400 BUREAUX À TRAVERS LE MONDE, EMPLOIE PLUS DE 150 000 PERSONNES ET DESSERT LES TROIS QUARTS DES PORTS DE COMMERCE DU GLOBE.
MAIS LA COMPAGNIE RESTE
UNE AFFAIRE DE FAMILLE.

LES SAADÉ POSSÈDENT PLUS DE 70% DU CAPITAL ET LES TROIS ENFANTS SONT AUX COMMANDES.
RODOLPHE, DIRECTEUR DE CMA CGM
TANYA, DIRECTRICE GÉNÉRALE DU GROUPE ET PRÉSIDENTE DE SA FONDATION
JACQUES JUNIOR, DIRIGEANT DU PÔLE IMMOBILIER
L'ANCRAGE LOCAL
N'A JAMAIS ÉTÉ AUSSI FORT.
L'ARMATEUR DEVIENT SPONSOR DE L'OLYMPIQUE DE MARSEILLE AU DÉBUT DE LA SAISON 2023-2024.
CMA CGM
À LA MÊME PÉRIODE, LA CMA CGM FINANCE LE DISPOSITIF DE SÉCURITÉ DÉPLOYÉ POUR LA VISITE DU PAPE À MARSEILLE.
EN MAI 2023, ELLE RACHÈTE LA MÉRIDIONALE, UNE COMPAGNIE MARITIME LOCALE ASSURANT LE TRANSPORT DE PASSAGERS ET DE MARCHANDISES DEPUIS MARSEILLE VERS LA CORSE ET LE MAROC.
DEPUIS MARSEILLE, RODOLPHE SAADÉ BÂTIT
UN VASTE RÉSEAU D'INFLUENCE,
QUI DÉPASSE DÉSORMAIS LARGEMENT LES FRONTIÈRES DE LA VILLE.

* MUSÉE DES CIVILISATIONS DE L'EUROPE ET DE LA MÉDITERRANÉE.

* 4,66 MILLIONS D'EUROS.

CE SAVOIR-FAIRE POLITIQUE CONSISTE AUSSI À INTÉGRER PLUSIEURS HAUTS RESPONSABLES PUBLICS DANS LES INSTANCES DE DIRECTION DE LA CMA CGM.
DOMINIQUE BUSSEREAU
SECRÉTAIRE D'ÉTAT AUX TRANSPORTS DANS LES ANNÉES 2000, IL SIÈGE AU CONSEIL D'ADMINISTRATION PENDANT PLUS DE DIX ANS.
PIERRE MONGIN
EX-DIRECTEUR DE CABINET DE DOMINIQUE DE VILLEPIN ET EX-PRÉSIDENT DE LA RATP
JIHAD AZOUR
ANCIEN MINISTRE DES FINANCES LIBANAIS
TOUS TROIS INTÈGRENT LA COMPAGNIE EN 2012, ALORS QU'ELLE EST CONFRONTÉE, DEPUIS TROIS ANS, À DE SÉRIEUX PROBLÈMES DE DETTE ET SE RETROUVE DANS L'OBLIGATION DE LA RENÉGOCIER AVEC LES BANQUES, SOUS LA TUTELLE DE L'ÉTAT.
JEAN-BAPTISTE DJEBBARI
ANCIEN MINISTRE DÉLÉGUÉ AUX TRANSPORTS
RODOLPHE SAADÉ AURAIT BIEN AIMÉ QU'IL SUIVE UN CHEMIN SIMILAIRE, MAIS LA HAUTE AUTORITÉ POUR LA TRANSPARENCE DE LA VIE PUBLIQUE A BLOQUÉ L'OPÉRATION EN AVRIL 2022.
Compte tenu des risques déontologiques substantiels relevés, qu'aucune réserve n'est susceptible de neutraliser.

UNE MINCE CONTRARIÉTÉ POUR RODOLPHE SAADÉ, QUI APPARTIENT AU CERCLE FERMÉ DES PDG PROCHES DE L'ÉLYSÉE.

# BEAUCOUP DE PROFITS ET (TRÈS) PEU D'IMPÔTS

* EN RAISON DE LA PÉNURIE DE MAIN-D'ŒUVRE (MARINS MALADES, PROTOCOLES SANITAIRES DRASTIQUES, ...) ET DE L'IMMOBILISATION DE NAVIRES À QUAI.

LES FINANCES DE LA FAMILLE SAADÉ, DÉTENTRICE DE 73 % DU CAPITAL DU GROUPE, ONT ATTEINT DES SOMMETS. ELLE ENTRE DANS LE TOP 5 DES FORTUNES DE FRANCE EN 2022.

EN MAI 2019, ELLE A AINSI RACHETÉ LE SUISSE CEVA LOGISTICS PUIS ABSORBÉ LES GROUPES COLIS PRIVÉ ET GEFCO EN 2022.

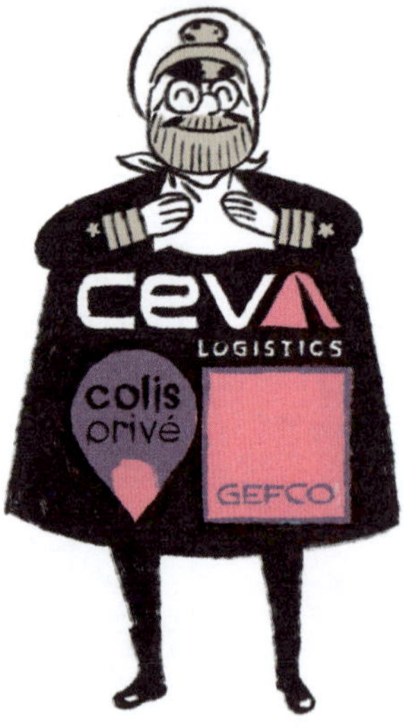

En mai 2022, elle s'engage dans l'aérien, via une participation au capital d'Air France-KLM à hauteur de 9%.
Devenant ainsi son premier actionnaire privé, après l'État français et l'État néerlandais.
MAIS CES PROFITS RECORD ET CES ACHATS À GRANDE ÉCHELLE ONT SUSCITÉ QUESTIONNEMENTS ET POLÉMIQUES.
CAR LES GRANDS ARMATEURS ÉCHAPPENT À LA RÈGLE COMMUNE EN MATIÈRE D'IMPÔT SUR LES SOCIÉTÉS.
Au lieu de verser 25% de leurs bénéfices, les compagnies maritimes ne doivent s'acquitter que d'une taxe forfaitaire au tonnage, calculée sur les volumes transportés.
Cette niche fiscale très avantageuse a été instaurée au niveau européen en 2003 pour contrer la montée en puissance des armateurs asiatiques.
GRÂCE À ELLE, LES COMPAGNIES EUROPÉENNES RESTENT COMPÉTITIVES : LES DEUX TIERS DU MARCHÉ MONDIAL DES PORTE-CONTENEURS SONT CONTRÔLÉS PAR QUATRE ARMATEURS EUROPÉENS ET PAR LE CHINOIS COSCO.

* « LA NICHE FISCALE DES ARMATEURS VA COÛTER PRÈS DE 4 MILLIARDS À L'ÉTAT CETTE ANNÉE », « LES ÉCHOS », 5 OCTOBRE 2022.

# PRÉCURSEUR DE LA MONDIALISATION

* LIRE À CE SUJET NOTRE DÉCRYPTAGE « LE CENTRE DU MONDE » PUBLIÉ DANS « LA REVUE DESSINÉE » #33.

AU TOTAL, LE TRANSPORT MARITIME REPRÉSENTE ENVIRON 90% DES ÉCHANGES DE MARCHANDISES DANS LE MONDE.

LES ARMATEURS LES PLUS PUISSANTS SE SONT REGROUPÉS DANS DE GRANDES ALLIANCES GLOBALES QUI SE PARTAGENT LES FLUX PLANÉTAIRES. ELLES PERMETTENT AUX ARMATEURS DE RÉALISER DES ÉCONOMIES EN METTANT EN COMMUN DES NAVIRES OU DES TERMINAUX PORTUAIRES.

LE SECTEUR MARITIME EST PRÉCURSEUR DANS L'ÉMERGENCE DE RÈGLES FISCALES ET SOCIALES DÉROGATOIRES, METTANT LES ÉTATS EN CONCURRENCE ET CONDUISANT À UNE DÉRÉGULATION À GRANDE ÉCHELLE*.

# LES PAVILLONS DE COMPLAISANCE,

NÉS AUX ÉTATS-UNIS DANS LES ANNÉES 1920, SONT L'ABOUTISSEMENT DE CETTE LOGIQUE.

* « LE TEMPS DE LA DÉMONDIALISATION », GUILLAUME VUILLEMEY (LE SEUIL, OCTOBRE 2022).

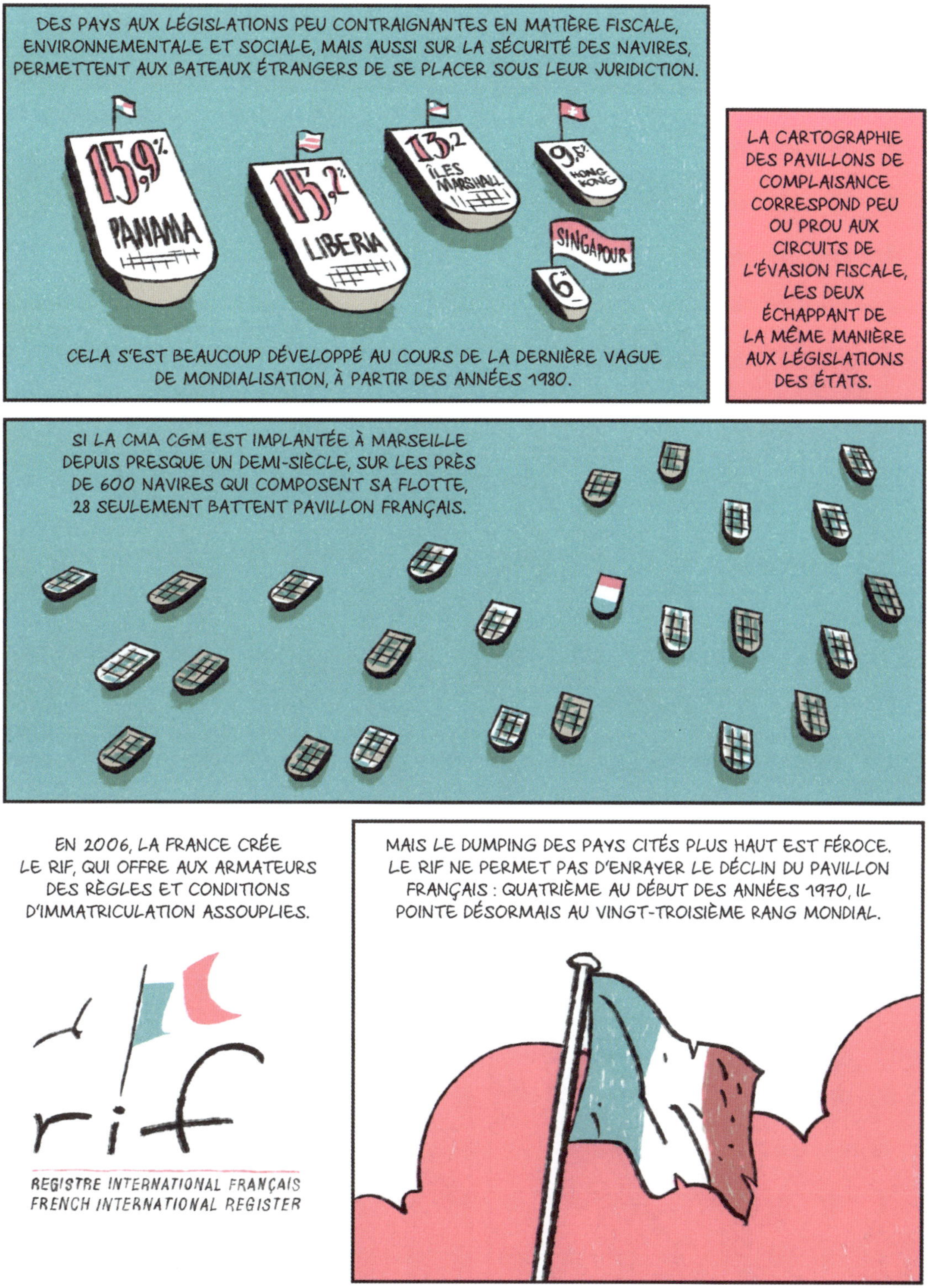
DES PAYS AUX LÉGISLATIONS PEU CONTRAIGNANTES EN MATIÈRE FISCALE, ENVIRONNEMENTALE ET SOCIALE, MAIS AUSSI SUR LA SÉCURITÉ DES NAVIRES, PERMETTENT AUX BATEAUX ÉTRANGERS DE SE PLACER SOUS LEUR JURIDICTION.
15,9%
PANAMA
15,2%
LIBERIA
13,2
ÎLES MARSHALL
9,5%
HONG KONG
SINGAPOUR
6%
CELA S'EST BEAUCOUP DÉVELOPPÉ AU COURS DE LA DERNIÈRE VAGUE DE MONDIALISATION, À PARTIR DES ANNÉES 1980.
LA CARTOGRAPHIE DES PAVILLONS DE COMPLAISANCE CORRESPOND PEU OU PROU AUX CIRCUITS DE L'ÉVASION FISCALE, LES DEUX ÉCHAPPANT DE LA MÊME MANIÈRE AUX LÉGISLATIONS DES ÉTATS.
SI LA CMA CGM EST IMPLANTÉE À MARSEILLE DEPUIS PRESQUE UN DEMI-SIÈCLE, SUR LES PRÈS DE 600 NAVIRES QUI COMPOSENT SA FLOTTE, 28 SEULEMENT BATTENT PAVILLON FRANÇAIS.
EN 2006, LA FRANCE CRÉE LE RIF, QUI OFFRE AUX ARMATEURS DES RÈGLES ET CONDITIONS D'IMMATRICULATION ASSOUPLIES.
rif
REGISTRE INTERNATIONAL FRANÇAIS
FRENCH INTERNATIONAL REGISTER
MAIS LE DUMPING DES PAYS CITÉS PLUS HAUT EST FÉROCE. LE RIF NE PERMET PAS D'ENRAYER LE DÉCLIN DU PAVILLON FRANÇAIS : QUATRIÈME AU DÉBUT DES ANNÉES 1970, IL POINTE DÉSORMAIS AU VINGT-TROISIÈME RANG MONDIAL.

* « À BORD DES GÉANTS DES MERS. ETHNOGRAPHIE EMBARQUÉE DE LA LOGISTIQUE GLOBALISÉE », CLAIRE FLÉCHER (LA DÉCOUVERTE, AVRIL 2023).
** « CARGOS : BUSINESS EN EAUX TROUBLES », DIFFUSÉ DANS « COMPLÉMENT D'ENQUÊTE » SUR FRANCE 2, LE 7 AVRIL 2022.

# UNE LOURDE EMPREINTE ENVIRONNEMENTALE

À LUI SEUL, LE TRANSPORT DE MARCHANDISES REPRÉSENTE

**3%** DES ÉMISSIONS DE GAZ À EFFET DE SERRE DANS LE MONDE,

**37%** DU $CO_2$ ÉMIS PAR LES TRANSPORTS.

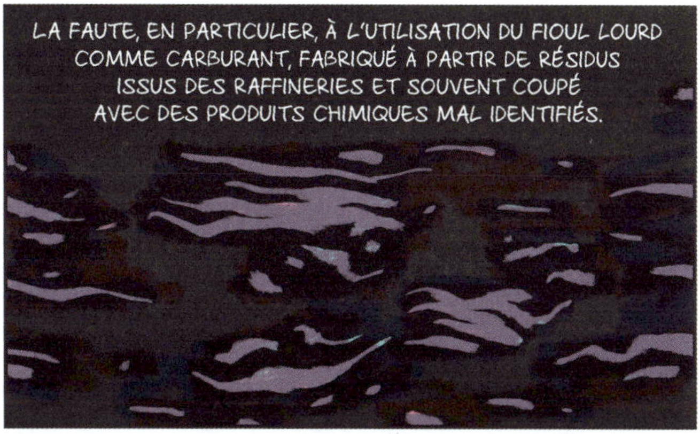

* SYSTÈME D'ÉCHANGE DE QUOTAS AYANT POUR BUT DE FAIRE PAYER LES ENTREPRISES EN FONCTION DE LEUR POLLUTION.

* « LES MILLIARDAIRES FRANÇAIS FONT FLAMBER LA PLANÈTE ET L'ÉTAT REGARDE AILLEURS », RAPPORT DE GREENPEACE ET D'OXFAM FRANCE, FÉVRIER 2022.

L'AVANTAGE EST CLAIR POUR LES COMPAGNIES : LE GNL EST FACILE À TRANSPORTER SUR LES TANKERS.
LA CMA CGM ASSUME PLEINEMENT CETTE STRATÉGIE, LÀ OÙ CERTAINS, COMME L'ARMATEUR DANOIS MAERSK, FONT D'AUTRES CHOIX.
CAR LE GNL PRÉSENTE PLUSIEURS DÉFAUTS D'UN POINT DE VUE ENVIRONNEMENTAL.
LES ÉTATS-UNIS, LE PLUS GROS FOURNISSEUR POUR L'EUROPE, LE PRODUISENT ESSENTIELLEMENT PAR FRACTURATION HYDRAULIQUE, TECHNIQUE INTERDITE EN FRANCE EN RAISON DE SON FORT IMPACT SUR L'ENVIRONNEMENT ET SUR LA SANTÉ.
SURTOUT, LE GNL EST COMPOSÉ EN MAJORITÉ DE MÉTHANE, UN GAZ À EFFET DE SERRE 80 FOIS PLUS PUISSANT QUE LE $CO_2$ SUR UNE ÉCHELLE DE VINGT ANS.
Comme quoi c'est pas seulement notre faute !
DANS DEUX RAPPORTS PUBLIÉS EN AVRIL 2021, LA BANQUE MONDIALE CONCLUT QUE LE GNL NE SERAIT EN MESURE DE JOUER QU'UN RÔLE LIMITÉ POUR DÉCARBONER LE TRANSPORT MARITIME.
C'est bien dommage.

COMBIEN DE TEMPS LA CMA CGM
POURRA-T-ELLE POURSUIVRE

# SA FRÉNÉSIE D'ACHATS ET SA STRATÉGIE D'INFLUENCE ?

INVESTIR DANS LES MÉDIAS S'AVÈRE RAREMENT PROFITABLE ET LEUR GESTION EST UN EXERCICE DÉLICAT.

ENFIN, DANS L'AÉRIEN, L'ALLIANCE AVEC AIR FRANCE-KLM N'A PAS OBTENU LES AUTORISATIONS DES AUTORITÉS AMÉRICAINES DE LA CONCURRENCE ET POURRAIT SE SOLDER PAR UN DIVORCE.

RODOLPHE SAADÉ A QUITTÉ LE CONSEIL D'ADMINISTRATION D'AIR FRANCE FIN MARS 2023.

# C'EST QUI LE PATRON ?

Ces dernières années, l'accaparement des médias par quelques acteurs n'a cessé de s'accélérer. Dans ce contexte, renforcer leur indépendance est devenu un enjeu vital pour les rédactions.

Industriels, grands patrons du luxe, de l'énergie ou de la téléphonie détiennent une bonne partie des titres de presse quotidienne ou magazine, ainsi que des chaînes de télévision et des radios. Bernard Arnault (LVMH) est propriétaire des quotidiens *Les Échos* et *Le Parisien* ; le groupe Dassault possède *Le Figaro* ; François Pinault (Kering), le magazine *Le Point*... Côté audiovisuel, TF1 et LCI sont détenues par Martin Bouygues, Canal+ et CNews par Vincent Bolloré, M6, W9 et 6ter par la famille Mohn, à la tête du groupe allemand Bertelsmann... Face à cette concentration toujours plus forte du paysage médiatique, certains journaux ont choisi de sanctuariser leur capital pour garantir leur indépendance. Celui du quotidien *Le Monde* est détenu par un fonds de dotation, ce qui le rend incessible. La solution a été adoptée par Mediapart dès 2019 et *Libération* en 2020, à la suite du retrait de son propriétaire, le milliardaire Patrick Drahi. Quant à l'indépendance des rédacteurs, une récente proposition de loi déposée à l'Assemblée nationale visait à conditionner les aides accordées aux journaux à un droit de veto des journalistes sur la nomination de leur directeur ou directrice de la rédaction. Enfin, le respect du pluralisme, qui repose sur la mesure du temps d'antenne accordé aux personnalités politiques, a récemment été renforcé par le Conseil d'État, après un recours de l'ONG Reporters sans frontières. Désormais, le décompte doit porter sur *« l'ensemble des participants aux programmes, y compris les chroniqueurs, animateurs et invités »*.

**VINCENT BOLLORÉ**
**L'industriel breton est à la tête d'une multinationale des transports, de la logistique et de l'énergie. Ce catholique affirmé a lancé sa conquête des médias à l'été 2015, avec la prise de contrôle de Canal+. L'année suivante, la rédaction de la chaîne d'information en continu du groupe, I-Télé, entreprend une grève historique qui se termine par le départ de plus des trois quarts de ses journalistes. Rebaptisée CNews, elle applique depuis une ligne idéologique visant à banaliser les idées d'extrême droite – même si l'intéressé le nie officiellement. À partir de 2021, Vincent Bolloré monte au capital du groupe Lagardère et empoche la radio Europe 1, le magazine *Paris Match* et *Le Journal du dimanche*. Le groupe possède aussi l'agence de publicité Havas et le groupe d'édition Hachette.**

Texte AURORE GORIUS • Dessin SERGIO AQUINDO

**BERNARD ARNAULT**
Ce polytechnicien né à Roubaix dans une famille d'industriels a créé le premier groupe mondial de luxe (Dior, Guerlain, Givenchy, Chaumet...), à partir de la fin des années 1980. En 2007, il prend le contrôle du premier quotidien économique français, *Les Échos*. Huit ans plus tard, il acquiert un quotidien populaire, à la fois local et national, *Le Parisien – Aujourd'hui en France*. On lui prête des velléités de rachat du magazine *Paris Match* à Vincent Bolloré.

**XAVIER NIEL**
Milliardaire autodidacte, le patron d'Iliad, maison mère de Free, a surfé sur le succès de l'opérateur de télécoms à bas coût pour devenir, en 2010, actionnaire de référence du groupe Le Monde, qui détient aussi *Télérama*, *La Vie* ou *Courrier international*. En 2020, il reprend le groupe de presse local Nice-Matin, rachète le quotidien régional *France-Antilles* et le journal hippique *Paris-Turf*. Il est aussi actionnaire du groupe audiovisuel Mediawan.

**DANIEL KŘETÍNSKÝ**
L'homme d'affaires tchèque de 49 ans a créé l'un des plus grands groupes énergétiques d'Europe, Energetický a průmyslový holding. Via sa filiale CMI France, il a pris le contrôle des magazines *Elle* et *Marianne* et acquis 5 % de TF1. En juin 2024, il ambitionnait d'entrer au capital du journal *L'Opinion*, après avoir accordé deux prêts à *Libération* et racheté le groupe d'édition Editis. Son empire, aussi implanté dans la distribution (Casino, Metro, Sainsbury's...), est évalué à 40 milliards d'euros.

## À LIRE

***L'information est un bien public,*** **de Julia Cagé et Benoît Huet. L'économiste et l'avocat planchent sur les modèles de financement des médias et proposent d'en *« refonder la propriété »*.** Éd. Seuil (2021).

## À VOIR

***Media crash,*** **de Luc Hermann et Valentine Oberti. Ce documentaire de Mediapart ausculte les pressions des milliardaires sur la presse et les émissions d'investigation.** 85 min (2022).

# RETOUR SUR

**Orpea.** En 2022, les maltraitances subies au sein d'Ehpad de cet opérateur privé étaient dévoilées dans un livre accablant. Au-delà des défaillances du leader français des maisons de retraite, l'affaire a révélé les dérives de tout un secteur.

CLAIRE RAINFROY SILKI

PEU IMPORTE QUE LE RÉSIDENT SOIT MALADE, QU'IL AIT UNE GASTRO, QU'IL Y AIT UNE ÉPIDÉMIE.
PERSONNE NE VOULAIT RIEN SAVOIR.
ENTRE DEUX TOILETTES, SI SES PATIENTS FAISAIENT SUR EUX, SAÏDA BOULAHYANE ÉTAIT CONTRAINTE DE LES LAISSER DANS LEURS EXCRÉMENTS.
SON TÉMOIGNAGE GLAÇANT EST ISSU DU LIVRE «LES FOSSOYEURS», DU JOURNALISTE VICTOR CASTANET, PUBLIÉ EN JANVIER 2022 CHEZ FAYARD.
VICTOR CASTANET
LES FOSSOYEURS
RÉVÉLATIONS SUR LE SYSTÈME QUI MALTRAITE NOS AÎNES
L'ENQUÊTE DOCUMENTE LES MULTIPLES CAS DE MALTRAITANCE ET D'ATTEINTE À LA DIGNITÉ AYANT COURS DANS LES ÉTABLISSEMENTS DU GROUPE PRIVÉ LUCRATIF :
ISOLEMENT,
MANQUE DE SOINS ET D'HYGIÈNE,
RATIONNEMENT DE NOURRITURE...
DANS LES MOIS QUI SUIVENT LA PARUTION, ORPEA EST VISÉ PAR UN DÉLUGE DE PLAINTES DE FAMILLES DE RÉSIDENTS.

SI LE LIVRE PROVOQUE UN TEL SCANDALE, C'EST QU'IL DÉPEINT LES PRATIQUES D'UN GÉANT.
CRÉÉ EN 1989 PAR JEAN-CLAUDE MARIAN, DEPUIS DEVENU L'UNE DES PLUS GRANDES FORTUNES DE FRANCE, ORPEA EST LE LEADER MONDIAL DES EHPAD.
ORPEA
GROUPE
CHAQUE ANNÉE, LE GROUPE ACCUEILLE 267 000 PATIENTS ET RÉSIDENTS DANS SES CLINIQUES ET MAISONS DE RETRAITE, DISPERSÉES DANS UNE VINGTAINE DE PAYS.
France
Pays-Bas
Belgique
Luxembourg
Irlande
Allemagne
Italie
Suisse
Autriche
Pologne
République tchèque
Slovénie
EN FRANCE, CE SONT PLUS DE 200 EHPAD QU'ORPEA ADMINISTRE.
VICTOR CASTANET EXPLIQUE CES GRAVES DYSFONCTIONNEMENTS PAR L'OBSESSION DE RENTABILITÉ MAXIMALE DES DIRIGEANTS DU GROUPE, AU DÉTRIMENT DES RÉSIDENTS.
IL FAUT QUE ÇA CRACHE !
EST, SELON SON ENQUÊTE, L'UN DES MANTRAS RÉPÉTÉS LORS DES RÉUNIONS DE DIRECTION DU GROUPE,
DONT LE CHIFFRE D'AFFAIRES DÉPASSAIT EN 2021 LES 4,2 MILLIARDS D'EUROS.
L'UTILISATION DE MILLIONS D'EUROS D'ARGENT PUBLIC EST AUSSI QUESTIONNÉE.

LES EHPAD DISPOSENT DE TROIS GRANDES SOURCES DE FINANCEMENT :

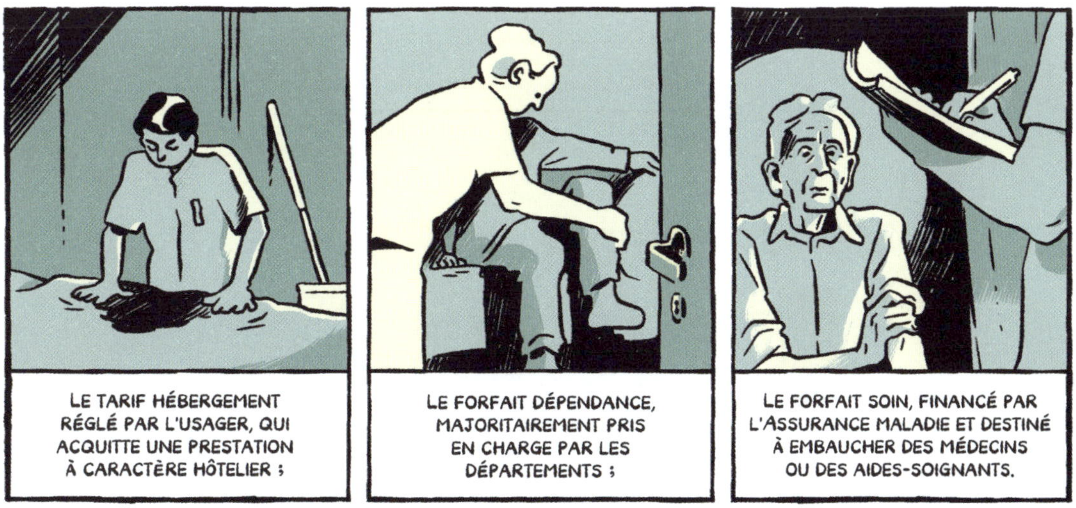

ORPEA A PUISÉ DANS CE DERNIER DE FAÇON IRRÉGULIÈRE.
ET PAS QU'UN PEU : À HAUTEUR DE 50 MILLIONS D'EUROS ENTRE 2017 ET 2020.
ORPEA
GROUPE
L'ENTREPRISE A AINSI FAIT PAYER À L'ÉTAT POUR 28 MILLIONS D'EUROS DE SALAIRES DE PERSONNEL NON FORMÉ EN LIEU ET PLACE D'AIDES-SOIGNANTS.
UNE PRATIQUE RÉPANDUE DANS LES EHPAD, CONFRONTÉS À DES DIFFICULTÉS DE RECRUTEMENT.
MAIS CHEZ ORPEA, C'ÉTAIT UNE PRATIQUE TROP COURANTE.
BRIGITTE BOURGUIGNON

LES SERVICES DE L'ÉTAT ONT IDENTIFIÉ UNE AUTRE IRRÉGULARITÉ.
ILS N'ONT PAS PU RETRACER L'AFFECTATION DE PLUS DE 20 MILLIONS D'EUROS D'EXCÉDENTS DE DOTATIONS PUBLIQUES, ACCUMULÉS POUR LA SEULE PÉRIODE 2017-2020.
CET EXCÉDENT D'ARGENT PUBLIC, QUI DOIT ÊTRE RÉINVESTI EN FAVEUR DES RÉSIDENTS, LES EHPAD NE PEUVENT PAS EN DISPOSER LIBREMENT.
QUE SONT DEVENUS CES 20 MILLIONS ?
« IL EST IMPOSSIBLE DE LE VÉRIFIER », CONCÈDE LE RAPPORT.
L'IGF ET L'IGAS CONFIRMENT AUSSI L'OBSESSION DE RENTABILITÉ.
Inspection Générale des Affaires Sociales
IGF
INSPECTION GÉNÉRALE DES FINANCES
LEUR RAPPORT ÉVOQUE « LA PRESSION CONTINUE SUR LES INDICATEURS DE PERFORMANCE EXERCÉE PAR LES DIRECTEURS RÉGIONAUX SUR LEURS DIRECTEURS D'EXPLOITATION ».

* EXTRAIT D'UN MAIL, CITÉ DANS LE RAPPORT, ADRESSÉ À DES DIRECTEURS D'EHPAD PAR UN CADRE D'ORPEA EN 2018.

SOUS PRESSION FACE À CES MULTIPLES DÉRIVES, L'ÉTAT RÉCLAME EN JUILLET 2022 LE REMBOURSEMENT DE 55,8 MILLIONS D'EUROS.
ORPEA CONTESTE LA FACTURE, MAIS ACCEPTERA QUELQUES MOIS PLUS TARD DE S'EN ACQUITTER EN TOTALITÉ.
SI LE GROUPE CAPITULE, C'EST QU'IL EST SOUCIEUX DE REVENIR DANS LES BONNES GRÂCES DE L'ADMINISTRATION.
EN JANVIER 2023, LA CAISSE DES DÉPÔTS, BRAS ARMÉ FINANCIER DE L'ÉTAT, SAUVE ORPEA.
ALORS QUE LES EHPAD COMMERCIAUX REPRÉSENTENT 25 % DES PLACES EN FRANCE, LA SURVIE DU LEADER MONDIAL DU SECTEUR A ÉTÉ JUGÉE CRUCIALE.
LES 270 000 RÉSIDENTS DES EHPAD ORPEA MÉRITENT LA PROTECTION DE LA NATION.
ÉRIC LOMBARD, DIRECTEUR GÉNÉRAL DE LA CAISSE DES DÉPÔTS

ORPEA A EN CONTREPARTIE PRIS DES ENGAGEMENTS. LE GROUPE JURE AVOIR FAIT LE MÉNAGE.
ORPEA CHANGE ! AVEC VOUS ET POUR VOUS
UNE QUINZAINE DE SES DIRIGEANTS ONT ÉTÉ LICENCIÉS.
NOMMÉ EN JUILLET 2022, LE NOUVEAU DIRECTEUR GÉNÉRAL, LAURENT GUILLOT, A AUSSI PRÉSENTÉ UN PLAN DE REFONDATION POUR AMÉLIORER LA QUALITÉ DE LA PRISE EN CHARGE DES RÉSIDENTS.
POUR FAIRE OUBLIER LE SCANDALE, LE GROUPE A CHANGÉ DE NOM ET DE LOGO EN MARS 2024.
ORPEA
emeis
DES DYSFONCTIONNEMENTS CONTINUENT TOUTEFOIS D'ÊTRE SIGNALÉS DANS CERTAINS EHPAD DU GROUPE.
NOUS SOMMES DANS UNE TRANSFORMATION. ÇA PREND DU TEMPS, TOUT N'EST PAS PARFAIT.
NOUS ESSAYONS DE RÉGLER LES SUJETS AU FUR ET À MESURE QU'ILS SE PRÉSENTENT.
LAURENT GUILLOT, EN RÉPONSE À UNE ENQUÊTE DE LA CELLULE INVESTIGATION DE RADIO FRANCE DIFFUSÉE EN MAI 2024
DES DÉRIVES ONT ÉTÉ DOCUMENTÉES DANS D'AUTRES EHPAD COMMERCIAUX.
Contrôleur de gestion
EN MARS 2022, « CASH INVESTIGATION » DIFFUSAIT SON ENQUÊTE SUR LES MÉTHODES DE DEUX AUTRES POIDS LOURDS DU SECTEUR : KORIAN ET DOMUSVI.

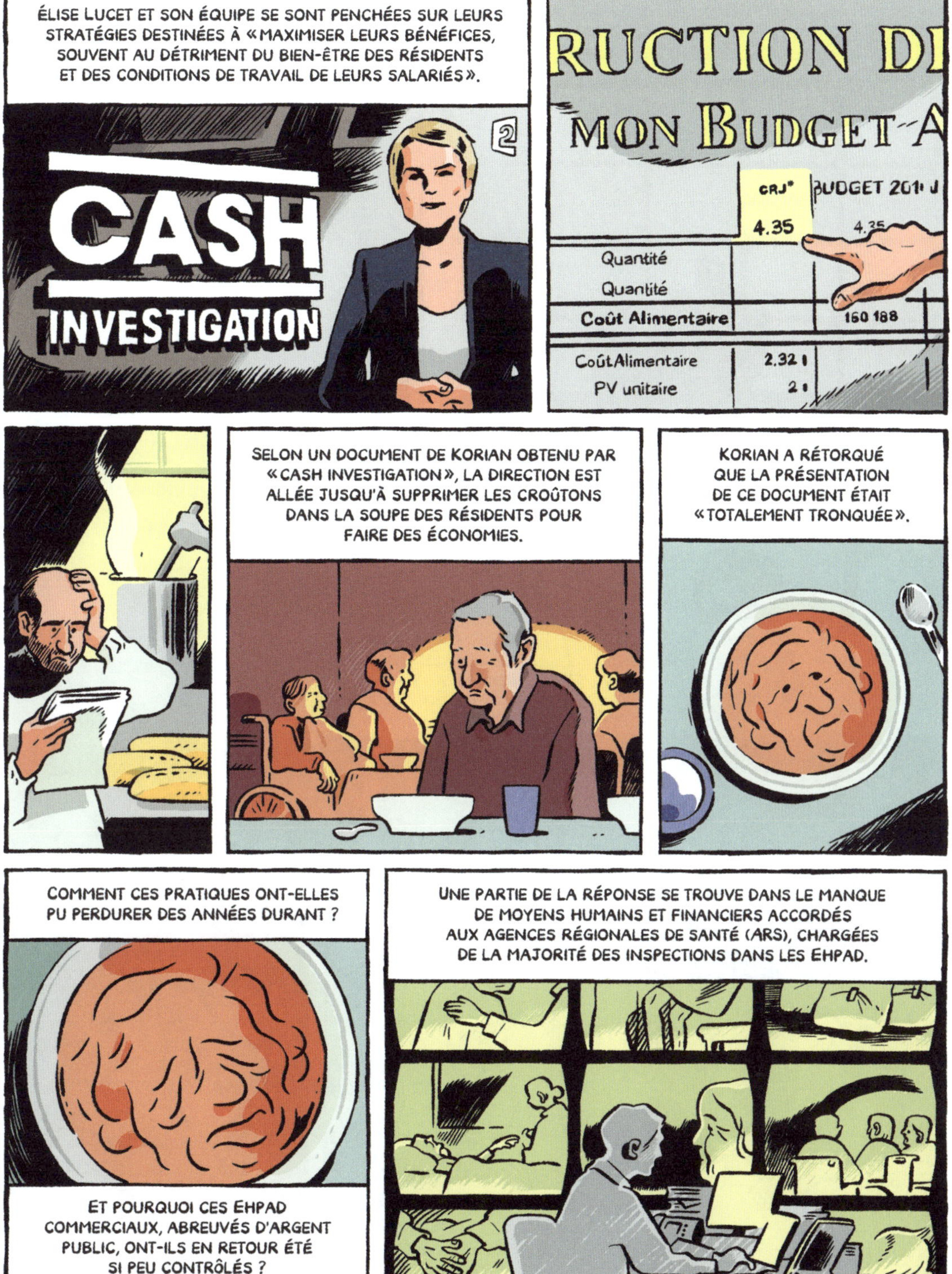


* COÛT DE REVIENT JOURNALIER, QUI S'ÉLÈVE À 4,35 EUROS PAR RÉSIDENT CHEZ KORIAN, D'APRÈS L'ENQUÊTE DE « CASH INVESTIGATION ».

MAIS L'ÉTAT EST SURTOUT CRITIQUÉ POUR L'ABSENCE DE POLITIQUE PUBLIQUE D'ENVERGURE FACE AU VIEILLISSEMENT DE LA POPULATION.
LA RÉPONSE DES POUVOIRS PUBLICS N'EST PAS À LA HAUTEUR DES ATTEINTES DÉNONCÉES, NI DE L'URGENCE.
CLAIRE HÉDON, DÉFENSEURE DES DROITS
EMMANUEL MACRON AVAIT POURTANT PROMIS, DÈS 2018, UNE LOI SUR LA DÉPENDANCE.
NOTRE INCAPACITÉ AUJOURD'HUI À RÉPONDRE À CE DÉFI A CONSTRUIT DE LA SOUFFRANCE SOCIALE DANS LES EHPAD,
CHEZ LES PERSONNES DÉPENDANTES OU POUR LEUR FAMILLE. NOUS DEVONS REGARDER CELA EN FACE, C'EST UN ÉCHEC COLLECTIF.
PUIS, PLUS RIEN.
VOUS AVEZ RAISON, IL N'Y A PAS EU DE GRANDE LOI AUTONOMIE.
CONCÉDAIT-IL EN MARS 2022, EN PLEINE CAMPAGNE PRÉSIDENTIELLE.
L'ENJEU EST POURTANT COLOSSAL.

* RAPPORT LIBAULT, 2019.

UNE LOI « BIEN VIEILLIR » A TOUTEFOIS ÉTÉ ADOPTÉE EN MARS 2024. AVEC À LA CLÉ QUELQUES MESURES : SANCTUARISATION DU DROIT DE VISITE, CRÉATION D'UN SERVICE PUBLIC DÉPARTEMENTAL DE L'AUTONOMIE, PRÉSENCE DES ANIMAUX DE COMPAGNIE DANS LES EHPAD...
... BIEN LOIN DES DEMANDES EXPRIMÉES PAR LES PROFESSIONNELS DU SECTEUR, LES FAMILLES ET LES PARLEMENTAIRES DE TOUS BORDS POLITIQUES.
CE N'EST PAS DE CHIENS ET DE CHATS DONT ON A BESOIN DANS LES EHPAD,
C'EST D'INFIRMIÈRES ET D'AIDES-SOIGNANTES BON SANG !
SE DÉSOLAIT LE DÉPUTÉ SOCIALISTE JÉRÔME GUEDJ APRÈS L'ADOPTION DE LA LOI PAR L'ASSEMBLÉE.
GRAND ÂGE, PETITS MOYENS ?
LA LOI BIEN VIEILLIR NE DÉBLOQUE PAS LES 9 À 13 MILLIARDS NÉCESSAIRES POUR FAIRE FACE AUX ENJEUX DU VIEILLISSEMENT.
DÉNONCE LA SÉNATRICE DES ÉCOLOGISTES ANNE SOUYRIS.

IL Y A POURTANT URGENCE À TROUVER UN MODE DE FINANCEMENT : LA MOITIÉ DES EHPAD PUBLICS RISQUENT LA CESSATION DE PAIEMENT.
LE PRIVÉ LUCRATIF EST LA PARTIE LA PLUS VISIBLE DE L'ICEBERG,
MAIS IL NE FAUT PAS OUBLIER LES ÉTABLISSEMENTS PUBLICS ET PRIVÉS NON LUCRATIFS, OÙ LE MANQUE DE MOYENS FABRIQUE UNE MALTRAITANCE SYSTÉMIQUE SUBIE, AUSSI, PAR LES SOIGNANTS.
EN L'ABSENCE DE LOI DE PROGRAMMATION FINANCIÈRE, LA LOI BIEN VIEILLIR RESTE UN CACHE-MISÈRE INCAPABLE DE COMBATTRE LA RÉALITÉ QUOTIDIENNE INDIGNE DANS LES EHPAD,
MALGRÉ LES EFFORTS DÉPLOYÉS CHAQUE JOUR PAR LE PERSONNEL.

# LEUR TEMPS EST COMPTÉ

Combien de meules de comté peut-on produire tout en conservant des rivières en bonne santé ? Combien de vaches peut-on faire paître sans menacer l'existence des poissons ? Ces équations tourmentent les départements du Doubs et du Jura depuis quelques années. Elles sont la rançon du succès : tandis que la production de comté AOP s'envole, les rivières franc-comtoises sont de plus en plus polluées. En 2022, le préfet du Doubs a mis en place un « plan rivières karstiques », informellement rebaptisé « plan fromageries ». Car parmi une myriade d'autres facteurs, la star des plateaux de fromage est plus que jamais pointée du doigt.

**MARTIN DELACOUX** **VALENTINE DE LUSSY**

CETTE ENQUÊTE A ÉTÉ RÉALISÉE EN PARTENARIAT AVEC LA *REVUE SALAMANDRE.*

IL EST AUJOURD'HUI DANS TOUTES LES RECETTES, SUR TOUTES LES TABLES.
FROMAGERIE
450 LITRES DE LAIT PAR MEULE, QUATRE MOIS D'AFFINAGE MINIMUM...
COMME 45 AUTRES FROMAGES EN FRANCE, IL A OBTENU UNE AOP (APPELLATION D'ORIGINE PROTÉGÉE), QUI GARANTIT UNE TYPICITÉ DU PRODUIT.
MAIS AU MILIEU DES ROQUEFORT, VALENÇAY, MUNSTER OU OSSAU-IRATY, LE COMTÉ A CONQUIS UNE PLACE PARTICULIÈRE.

CE SUCCÈS EST UNE RÉELLE FIERTÉ LÀ OÙ IL EST PRODUIT, DANS LE DOUBS, LE JURA, ET UN PEU DANS L'AIN.

DES FERMES QUI PRODUISAIENT DU LAIT POUR LA GRANDE DISTRIBUTION OU POUR D'AUTRES SECTEURS REJOIGNENT RÉGULIÈREMENT L'APPELLATION COMTÉ.

DANS LE MASSIF DU JURA, DE NOMBREUSES RIVIÈRES COULENT AU MILIEU DES FORÊTS ET DES CHAMPS.
FRANCE
PARC NATUREL RÉGIONAL DU DOUBS
CHARMAUVILLERS
SUISSE
LE DOUBS
LE NOIRMONT
LA LOUE, LE CUSANCIN... OU LA PLUS IMPORTANTE, LE DOUBS, QUI A DONNÉ SON NOM AU DÉPARTEMENT OÙ IL PREND SA SOURCE ET QUI MARQUE UNE PARTIE DE LA FRONTIÈRE ENTRE LA FRANCE ET LA SUISSE.

DEPUIS QUELQUES ANNÉES, CE CADRE RÊVÉ S'EFFONDRE.
L'AGRICULTURE EST POINTÉE DU DOIGT, ET EN PARTICULIER CELLE LIÉE AU COMTÉ.

LES DEUX SORTES D'ALGUES ONT LA MÊME CONSÉQUENCE POUR LES POISSONS ET LES AUTRES HABITANTS DES RIVIÈRES.

* Aussi appelés « perles ».

LE PLUS DUR POUR LES PÊCHEURS, C'EST DE VOIR DES EFFONDREMENTS BRUTAUX.

UN AUTRE POISSON EST MÊME PROCHE DE L'EXTINCTION : L'APRON DU RHÔNE, UNE ESPÈCE ENDÉMIQUE DU BASSIN DU RHÔNE, AUTREFOIS PRÉSENTE DANS LA RIVIÈRE DOUBS.

DEPUIS 1996, L'ESPÈCE EST CLASSÉE « EN DANGER CRITIQUE D'EXTINCTION » SUR LA LISTE ROUGE MONDIALE DES ESPÈCES MENACÉES.

Ce soir-là, le 11 décembre 2023, dans une salle communale à une demi-heure de route de Besançon, 75 personnes sont venues assister à la « conférence gesticulée » de Manon Silvant, qui gère la communication de différentes ONG environnementales.

Vous avez peut-être entendu parler des algues vertes en Bretagne ?
Dominique Voynet, ministre de l'Environnement de 1997 à 2001
Benoît Biteau, alors eurodéputé Europe Écologie-Les Verts, également agriculteur
DOUBS
BRETAGNE
Ce sont les mêmes algues mais les deux situations sont très différentes.
Les taux de pollution en Franche-Comté sont moins importants qu'en Bretagne, mais les rivières de notre région sont plus fragiles.

CES ALGUES SONT ALIMENTÉES PAR LES REJETS DE NITRATES ET DE PHOSPHORE DANS LES RIVIÈRES. CES MOLÉCULES SE RETROUVENT NOTAMMENT DANS LES DÉJECTIONS DES VACHES, QUI SONT ENSUITE ÉPANDUES POUR BOOSTER LA POUSSE DE L'HERBE.

DANS LA ZONE DE PRODUCTION DU COMTÉ, LE MODÈLE D'AGRICULTURE EST EXTENSIF, AVEC UN BÉTAIL PAR FERME ET PAR HECTARE EN PETIT NOMBRE.

LES QUANTITÉS DE DÉJECTIONS ÉPANDUES SONT DONC SIGNIFICATIVEMENT MOINS ÉLEVÉES QU'EN BRETAGNE, OÙ LES BÊTES SONT BEAUCOUP PLUS NOMBREUSES.

MAIS DES DÉRIVES EXISTENT.

EN JUILLET 2022, ELLE A ÉTÉ CONDAMNÉE POUR « POLLUTION GÉNÉRALE DES EAUX » ET POUR « VIOLATION D'UN ARRÊTÉ PRÉFECTORAL »*.

LE GÉRANT ET SON FILS ONT ÉGALEMENT ÉTÉ CONDAMNÉS À DES AMENDES POUR LES MÊMES MOTIFS. ILS ONT FAIT APPEL.

*À 70 000 EUROS D'AMENDE, DONT 40 000 EUROS AVEC SURSIS, PAR LE TRIBUNAL CORRECTIONNEL DE BESANÇON POUR LE PREMIER MOTIF, ET À 7 000 EUROS DE CONTRAVENTION POUR LE SECOND.

Votre collectif fait bouger les choses, et au fond je trouve ça bien. Mais il y a des manières de faire.
Adrien Rieu, jeune agriculteur
Les causes de la pollution de la rivière sont multifactorielles, les agriculteurs ne sont pas les seuls responsables.
Je ne veux pas me fâcher avec vous.
Moi non plus !

LA POLLUTION DES RIVIÈRES REMONTERAIT AUX ANNÉES 1960. PLUSIEURS ÉTUDES SCIENTIFIQUES SE SONT INTÉRESSÉES À SES CAUSES. PARMI ELLES, CELLE MENÉE PAR LE LABORATOIRE CHRONO-ENVIRONNEMENT* RELÈVE :

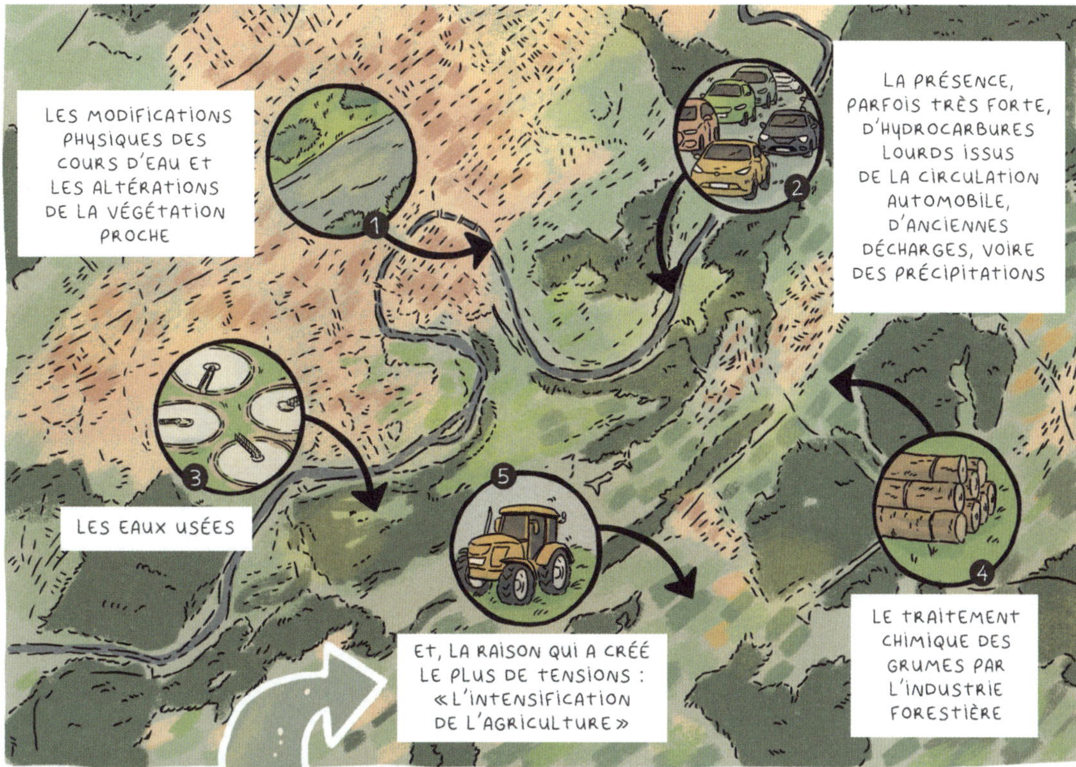

SES CONCLUSIONS SONT CLAIRES : LES EXCÈS D'AZOTE, LES TENEURS TROP FORTES EN BICARBONATES, LA CONTAMINATION PAR DES PRODUITS PHYTOSANITAIRES OU LA PRÉSENCE DE SUBSTANCES ISSUES DE PRODUITS VÉTÉRINAIRES SONT TOUS LIÉS À L'INTENSIFICATION DE L'AGRICULTURE.

CE RÔLE PRÉPONDÉRANT EST CONFIRMÉ PAR UNE AUTRE ÉTUDE** QUI MONTRE QUE LES BOVINS SONT À L'ORIGINE DE LA MAJORITÉ DU NITRATE ET DU PHOSPHATE DANS LES RIVIÈRES.

*DU CNRS ET DE L'UNIVERSITÉ DE FRANCHE-COMTÉ. ÉTUDE DIRIGÉE PAR PIERRE-MARIE BADOT ET FRANÇOIS DEGIORGI.
**ÉTUDE NUTRI-KARST DE NOVEMBRE 2022, MENÉE NOTAMMENT PAR LE BUREAU DE RECHERCHES GÉOLOGIQUES ET MINIÈRES (BRGM).

Autre point mentionné par l'étude :
Les conséquences de ces pollutions sont d'autant plus importantes que les sols de la région sont de nature karstique et que les pollutions sont situées en tête de bassin (proche de la source), ce qui «accroît la vulnérabilité des cours d'eau».
Les sols des plateaux du Doubs et du Jura sont en effet très fins, composés parfois de quelques centimètres de terre.
En dessous, une partie rocheuse aux multiples fractures, dans lesquelles l'eau peut s'infiltrer facilement, créant des galeries, avant de ressortir parfois plusieurs kilomètres plus loin… sans avoir été filtrée.
Si l'eau peut faire ce parcours, et avec elle les polluants qu'elle transporte, d'autres liquides, peuvent faire de même. Les systèmes karstiques sont donc très sensibles aux pollutions à large échelle.

LES PRODUCTEURS DE COMTÉ NE NIENT PAS CE CONSTAT, MAIS ILS REFUSENT DE PARLER D'INTENSIFICATION DE L'AGRICULTURE DANS LA ZONE.

CERTES, PLUS DE MEULES DE COMTÉ SONT PRODUITES QU'IL Y A TRENTE ANS. MAIS, SELON LUI, CELA EST DÛ À L'ENTRÉE DE NOUVELLES FERMES DANS L'APPELLATION.

ALORS QUE LES ÉLEVEURS LAITIERS ONT SOUVENT LE COUTEAU SOUS LA GORGE, CEUX QUI SONT DANS LA FILIÈRE COMTÉ VIVENT RELATIVEMENT BIEN. LE PRIX DU LITRE DE LAIT Y EST BIEN PLUS ÉLEVÉ QU'AILLEURS.

LA RÉGION EST PLUTÔT DYNAMIQUE, AVEC DES VILLAGES QUI RESTENT VIVANTS, ET DES AGRICULTEURS QUI VIENNENT PARFOIS DE LOIN POUR S'INSTALLER. QUAND ARRIVE LA RETRAITE, IL N'EST PAS DIFFICILE DE TROUVER UN REPRENEUR.

À Randevillers (Doubs),
le lendemain du débat de Valdahon

Les excréments et l'urine tombent dans une cuve. Celle-ci est brassée automatiquement, pour éviter que le lisier ne se solidifie.

Cela demande donc beaucoup moins de travail que le fumier, qui oblige le paysan à ramasser le mélange et à le stocker quelque part.

* Le fumier est réputé moins néfaste pour les rivières que le lisier. Mélange de déjections et de paille, il n'est pas sous une forme liquide : il ne passe donc pas directement dans les rivières lorsqu'il pleut.

LA PROBLÉMATIQUE DÉPASSE LARGEMENT
LE SIMPLE CHOIX ENTRE LISIER ET FUMIER.

CELA PERMET DE NE PAS LEUR ACHETER DE NOURRITURE, ET DONC D'ÊTRE MOINS CHERS,
MAIS LA POUSSE DE L'HERBE EST IMPACTÉE ELLE AUSSI PAR LA CRISE CLIMATIQUE.

VERNIERFONTAINE
(DOUBS)

NICOLAS ET JULIETTE LECATRE, 38 ET 36 ANS, S'OCCUPENT D'UNE FERME DE 90 HECTARES.
ON EST PARTIS DE L'HYPOTHÈSE QUE NOUS ALLIONS AVOIR UNE BAISSE DE 30% DE NOTRE FOURRAGE D'ICI À 2033.
ON S'EST DIT QU'IL FALLAIT FAIRE QUELQUE CHOSE D'HONNÊTE AVEC CE QU'ON AVAIT, ET ON S'EST LIMITÉS. ON A 32 VACHES POUR DEUX PERSONNES QUI TRAVAILLENT SUR LA FERME, ALORS QUE CERTAINS ONT JUSQU'À 60 VACHES PAR PERSONNE.
MÊME SI NICOLAS ET JULIETTE VONT PLUS LOIN QUE LES NORMES EN VIGUEUR, EN ÉTANT PLUS EXTENSIFS, ILS PENSENT QUE...
LE COMTÉ, PAR SON CAHIER DES CHARGES, EST PLUS PROCHE DE LA SOLUTION QUE DU PROBLÈME.
MAIS LA CRISE CLIMATIQUE CONTRECARRE LES EFFORTS FAITS PAR L'APPELLATION ET PAR LES AGRICULTEURS.
JE SUIS FIER DE CE QU'ON FAIT. ÇA COMMENCE À ÊTRE BLESSANT D'ÊTRE POINTÉS DU DOIGT.
IL NE FAUT PAS NON PLUS QUE LA CASSE SOCIALE REMPLACE LA CASSE ENVIRONNEMENTALE.
ON HÉRITE AUSSI D'UNE SITUATION : C'EST TRISTE À DIRE, MAIS ON NE RETROUVERA PAS L'ÉTAT DES RIVIÈRES D'IL Y A QUARANTE ANS.

JE COMPRENDS LA FRUSTRATION DES AGRICULTEURS. ON NE PEUT PAS POINTER LA CORPORATION DANS SON ENSEMBLE COMME ÇA.
MATTHIEU CASSEZ, AGRONOME
LA SOCIÉTÉ DOIT REPRENDRE SON CONTRAT SOCIAL ET ÉCOLOGIQUE AVEC L'AGRICULTURE.
IL FAUT QUE L'ÉTAT ACCOMPAGNE UNE BAISSE DE LA PRODUCTION, ET DONC DES REVENUS.
AUJOURD'HUI, ON EST DANS L'IMPASSE. ON CONTINUE À VOIR LA RÉALITÉ ÉCONOMIQUE D'UN CÔTÉ ET L'ENVIRONNEMENT DE L'AUTRE, ALORS QUE TOUT EST LIÉ.

# TOUT un FROMaGe

Quarante-six fromages, trois beurres et deux crèmes : les produits laitiers bénéficiant d'une appellation d'origine protégée sont une véritable fierté française, que convoitent de grands groupes industriels. Au point de les menacer ?

On la surnomme « la guerre du camembert ». En 2007, deux groupes industriels, le géant Lactalis et la coopérative Isigny-Sainte-Mère, sortent de l'appellation d'origine protégée (AOP) « camembert de Normandie ». En cause ? Leur décision d'abandonner le lait cru pour le lait thermisé. Par ce procédé, les fromages se conservent plus longtemps et peuvent s'exporter plus facilement, mais le goût est uniformisé. Malgré ce changement de taille, le terme « camembert » est toujours utilisé. Au grand dam des producteurs AOP, qui, eux, doivent continuer à respecter un cahier des charges strict pour bénéficier de l'appellation : les vaches pâturent au moins six mois dans l'année, les fromages doivent être fabriqués avec du lait cru puis affinés au moins trois semaines...

Autre sujet de conflit : la mention « fabriqué en Normandie », figurant sur les étiquettes de certaines boîtes de fromage, malgré la décision du Conseil d'État en décembre 2023 d'interdire cette utilisation. Pour les grands groupes, c'est une manière de profiter de l'image de la région sans avoir l'obligation d'utiliser son lait (seule leur usine devait être située en Normandie). De leur côté, les producteurs respectant le cahier des charges de l'AOP ont le droit d'inscrire «camembert de Normandie» sur leurs boîtes. Entre les deux mentions, le consommateur non averti a tôt fait de se mélanger les pinceaux. *«En produisant des fromages AOP, les multinationales s'arrogent une image»*, s'inquiète Véronique Richez-Lerouge, fondatrice de l'association Fromages de terroirs et autrice de *Main basse sur les fromages AOP* (éd. Erick Bonnier, 2017). De fait, des appellations bien connues, telles que le reblochon ou le roquefort, sont désormais elles aussi produites en grande partie par des géants industriels. Pour l'époisses, provenant à l'origine de Côte-d'Or, certains ont même réussi à modifier le cahier des charges de l'AOP de telle sorte que l'essentiel du lait soit désormais pasteurisé. *«Un certain savoir-faire est industrialisé,* reprend Véronique Richez-Lerouge. *On uniformise aussi la biodiversité au passage en perdant les spécificités de chaque ferme.»*

**DES APPELLATIONS SONT PRODUITES EN GRANDE PARTIE PAR DES GÉANTS INDUSTRIELS**

## Le comté résiste

*«Je ne pense pas que le fait que des grands groupes fassent des fromages AOP puisse compromettre le futur des appellations»*, lui répond Hubert Dubien, éleveur laitier producteur de fourme de Montbrison et président du Conseil national des appellations d'origine laitières, qui défend les fromages AOP.

Là où les deux se rejoignent, c'est autour du comté. Certes, un tiers de la production de ce fromage est entre les mains de la coopérative Sodiaal. Mais il est obligatoire de transformer le lait localement, ce qui limite l'implantation de grands groupes. *«Pour le maintien du goût, de la tradition, c'est vraiment un bel exemple»*, explique Véronique Richez-Lerouge. *«On peut difficilement faire mieux»*, renchérit Hubert Dubien.

## Making-of

**«"Et toi, tu manges du comté ?"** ***On m'a beaucoup posé la question pendant ce reportage, comme s'il fallait ne pas aimer le fromage pour enquêter sur les conséquences de sa production. Quelques militants m'ont raconté ne plus en consommer – ils sont très rares. Car la crainte d'un boycott taraude plusieurs producteurs que j'ai rencontrés. Mais je dois bien l'avouer pour ma part : j'en mange, et j'adore ça !*** **» Martin Delacoux**

## À voir

***Réchauffement climatique : nos produits du terroir vont-ils résister ?*** **de Laura Miret, François Ducroux et Mathieu Duboscq. De la tomme de Savoie aux abricots du Roussillon, Jamy Gourmaud interroge l'avenir des produits locaux et évoque l'émergence de spécialités, comme le vin breton.**

France 3, 112 min (2024).

## À écouter

***La Guerre de l'eau,*** **de Rémi Dybowski Douat. Une série documentaire audio sur les facettes de ce liquide indispensable à la vie, et dont les usages sont profondément politiques.**

LSD, France Culture, 4 épisodes de 59 min (2024).

TEXTE MARTIN DELACOUX • DESSIN MARION PIFFARETTI

# LA CONDITION URBAINE

**Trottoirs.** Agrémentés de trampolines, producteurs d'énergie pour alimenter l'éclairage public, roulants… ces petits bouts de bitume ont été l'objet de nombreuses innovations. On en oublierait presque que l'on peut aussi y marcher.

CHRISTELLE GRANJA LOUISE LABORIE

LES PLUS ANCIENS ONT ÉTÉ DÉCOUVERTS EN TURQUIE ET DATERAIENT DU XXe SIÈCLE AVANT J.-C.
FRÉQUENTS DANS L'EMPIRE ROMAIN, ILS ONT DISPARU AU MOYEN ÂGE.
LES RUES DES CITÉS MÉDIÉVALES NE SÉPARENT PAS LES VÉHICULES DES PIÉTONS, MAIS PLUTÔT LES RICHES DES PAUVRES.
LES EAUX USÉES S'ÉCOULENT DANS UNE ODORANTE RIGOLE CENTRALE DONT LES NOBLES ET LES BOURGEOIS S'ÉLOIGNENT LE PLUS POSSIBLE.
ILS TIENNENT LE "HAUT DU PAVÉ" (L'EXPRESSION VIENT DE LÀ) QUAND LE RESTE DE LA POPULATION SE VOIT CONTRAINT DE PATAUGER DANS LE CLOAQUE.

* Chronologie d'après *Trottoirs ! Une approche économique, historique et flâneuse,* d'Isabelle Baraud-Serfaty (Éd. Apogée, 2023).

DEVENUS MOINS ÉTANCHES, PLUS VERTS, LES TROTTOIRS POURRAIENT ALORS CONTRIBUER EN PARTIE À RÉDUIRE LES EFFETS D'ÎLOTS DE CHALEUR URBAINE,
ET À DIMINUER L'ENGORGEMENT DES SYSTÈMES D'ÉVACUATION EN CAS DE FORTES PLUIES, DONC LE RISQUE D'INONDATION.
!
...
L'AFFAIRE N'EST PAS SANS OBSTACLES :
DES CARRIÈRES EN SOUS-SOL,
DES RÉSEAUX DE CHAUFFAGE,
OU ENCORE UNE LARGEUR INSUFFISANTE DE TROTTOIR (MOINS DE 1 M 40) PEUVENT FREINER LES AMBITIONS.

MAIS DEVANT LES GAINS ATTENDUS, LES INITIATIVES SE MULTIPLIENT : À RENNES, LE PROJET "JARDINER MA RUE", D'ABORD PORTÉ PAR LE MOUVEMENT ASSOCIATIF, EST DÉSORMAIS INTÉGRÉ AU PLAN LOCAL D'URBANISME (PLU) DE LA VILLE.
LA DÉMARCHE EST SIMPLE : SUR DEMANDE DES HABITANTS, LA MUNICIPALITÉ CASSE UN BOUT DE BITUME AU PIED DES IMMEUBLES, POUR Y PLANTER DES ARBUSTES OU DES FLEURS.
4 KM DE TROTTOIR ONT AINSI VERDI DANS LA CAPITALE BRETONNE.

À CAEN, LA VILLE A LANCÉ EN 2020 UN PROGRAMME DE DÉBI-TUMISATION SUR 40 000 $M^2$.
LE MODÈLE TOUT VOITURE DES TRENTE GLORIEUSES A LAISSÉ DES TRACES...
TUUUUU
EN ALSACE, LE PROGRAMME "STRASBOURG, ÇA POUSSE" RECENSE PLUS D'UNE CENTAINE DE TROTTOIRS VÉGÉTALISÉS DEPUIS 2017.
95% DE NOS CONTEMPORAINS NE MARCHENT PLUS ASSEZ[1].
PFFFIOUU...
EMPRUNTER LES TROTTOIRS EST DEVENU UNE QUESTION DE SANTÉ PUBLIQUE.

1. ANSES, 2022.

MARCHER TRANQUILLEMENT SUR LES TROTTOIRS DE SON QUARTIER N'EST PAS ACCESSIBLE À TOUS.
AMANDINE MILLE, URBANISTE, SPÉCIALISTE DE LA QUALITÉ DE VIE DES QUARTIERS D'HABITAT SOCIAL
AUX MUREAUX, DANS LES YVELINES, LES TROTTOIRS DES ZONES PAVILLONNAIRES, OÙ LES PROPRIÉTAIRES SONT MAJORITAIRES, SONT BIEN TENUS, LES LAMPADAIRES FONCTIONNENT.
CE N'EST PAS LE CAS DEVANT LES LOGEMENTS SOCIAUX VOISINS.
DANS LES DEUX CAS C'EST POURTANT LA MÊME MUNICIPALITÉ QUI EST CHARGÉE DE L'ENTRETIEN.
OR, LE TROTTOIR EST LA PREMIÈR
VITRINE D'UN QUARTIER...

LE TROTTOIR EST AUSSI UN ESPACE DE FLÂNERIE, ET IL PEUT ABRITER DES OCCUPATIONS PLUS OU MOINS LICITES.
CERTAINS ÉLUS OU BAILLEURS SOCIAUX RÉAGISSENT ALORS PAR LA SUPPRESSION D'AMÉNAGEMENTS PLUTÔT QUE PAR LEUR AMÉLIORATION : AUX ORGUES DE FLANDRE (PARIS 19e), LES BANCS ET LES POUBELLES ONT ÉTÉ ENLEVÉS.
ET POUR ÉVITER L'INSTALLATION, FRÉQUENTE DANS LE QUARTIER, DE PERSONNES À LA RUE, LES ÉLUS PRÉVOIENT D'Y FERMER LES "CASQUETTES", CES ENTRÉES ABRITÉES DE LA PLUIE.

LE TROTTOIR MUTE EN MÊME TEMPS QUE NOTRE ÉCONOMIE.
NOUS SOMMES À UN MOMENT DE BASCULE. LES INFRASTRUCTURES URBAINES, QUI SONT DES OUTILS STRUCTURANT LE FONCTIONNEMENT DES VILLES DEPUIS LE XIXe SIÈCLE,
CÈDENT PEU À PEU FACE À DE NOUVEAUX ACTEURS NUMÉRIQUES DE LA VILLE...
ISABELLE BARAUD-SERFATY ÉCONOMISTE, AUTRICE DE "TROTTOIRS ! UNE APPROCHE ÉCONOMIQUE, HISTORIQUE ET FLÂNEUSE"
...TELS QU'AMAZON, OU UBER EATS, QUI REPOSENT SUR DES SOLUTIONS INDIVIDUELLES.
Uber Eats

CES GOURMANDS OPÉRATEURS PRIVÉS, QUI SQUATTENT NOS TROTTOIRS, SONT-ILS LES LOINTAINS DESCENDANTS DES PORTEURS D'EAU, CHIFFONNIERS ET AUTRES DÉCROTTEURS DU MOYEN ÂGE ?
PAS SI VITE : LES ÉLUS GARDENT LA MAIN SUR CES ESPACES PUBLICS ET EN CONTRÔLENT L'ACCÈS DES ENTREPRISES QUI EN TIRENT PROFIT...
EN AOÛT 2023, PARIS A AINSI INTERDIT LES OPÉRATEURS PRIVÉS DE TROTTINETTES ÉLECTRIQUES EN LIBRE-SERVICE QUI ENCOMBRAIENT LA CAPITALE.
MAIS CETTE INITIATIVE DÉTONNE. DANS LA PLUPART DES VILLES, PETITES OU GRANDES, LES POLITIQUES PUBLIQUES OUBLIENT LA QUESTION DES TROTTOIRS EN ROUTE. PAR MANQUE DE MOYENS...
... OU D'AMBITION.

# C'EST NOTRE RAYON

## LA DISTINCTION

Manger, parler, s'habiller, se loger : en toutes choses, nos goûts ne nous appartiennent pas complètement, ils sont le reflet de notre position dans l'espace social. Telle est, à grands traits, la thèse de *La Distinction,* ouvrage majeur de sociologie vulgarisé et développé en bande dessinée. Au casting de cette fiction contemporaine il y a Joséphine de La Baume, grande bourgeoise qui aime *« naturellement »* se nourrir de *« choses légères et nutritives ».* Sa petite-fille, à l'aise pour écouter Aya Nakamura comme Debussy. Un professeur de SES en velours côtelé, qui a à cœur de ne pas *« ressembler à un contrôleur de gestion ».* Et ses élèves, qui, lorsqu'ils vont au musée, sont comme *« un groupe de chips qui essaie de rentrer dans une boîte de macarons ».* Au fil des pages, les tranches de vie et les milieux sociaux s'entrechoquent, frôlant les clichés sans jamais y céder. En s'emparant librement de l'ouvrage phare de Pierre Bourdieu, Tiphaine Rivière réussit à redonner à des concepts de 1979 une actualité criante et à jeter un regard lucide sur la manière dont se perpétuent *« naturellement »* les inégalités.

***La Distinction,* de Tiphaine Rivière, éditions La Découverte-Delcourt, 2023, 296 pages, 27,95 euros.**

## LEBENSBORN

*« Il y avait deux programme nazis secrets : le premier avait pour but d'exterminer les Juifs dans les camps, le second de faire naître des aryens dans des maternités. »* C'est ainsi que la mère d'Isabelle Maroger est venue au monde, dans une pouponnière norvégienne, de l'histoire d'amour entre un jeune SS et une jeune femme considérée comme *« racialement valable ».* Une naissance encouragée par le régime : le jeune soldat recevra une prime pour l'occasion. Ces maternités, ouvertes entre 1935 et 1945, en Norvège, mais aussi en Allemagne et en France, ont vu naître plus de 15 000 enfants. Alors qu'elle est encore lycéenne, Isabelle Maroger découvre en cours d'histoire l'existence de ces *Lebensborn*, littéralement « sources de vie ». En rentrant, elle interpelle sa mère sur *« les bébés nés en Norvège pendant la Seconde Guerre mondiale, tout comme toi ».* Katherine se mure dans le silence... avant de partir en quête de ses parents biologiques. Un périple familial dont s'empare, avec humour et tendresse, sa fille devenue dessinatrice. Avec cette première bande dessinée, elle redonne une place aux victimes oubliées de la folie eugéniste et de la barbarie nazie.

***Lebensborn,* d'Isabelle Maroger, éditions Bayard Graphic, 2024, 224 pages, 22 euros.**

**INCONTOURNABLE**

## TROP N'EST PAS ASSEZ

Vienne, 1984. À l'aube de ses 17 ans, Ulli zone dans les milieux punks de la capitale autrichienne. Elle y croise Edi, même âge, qui l'entraîne sur un coup de tête à franchir (illégalement, à l'époque) la frontière pour passer la fin de l'été en Italie. Sans argent, sans vêtements de rechange, sans un mot d'italien, sans rien d'autre qu'une soif de vivre le plus intensément possible, les deux jeunes femmes s'embarquent pour un périple totalement improvisé.

Plages dorées, sexe sans lendemain, les premiers jours sont prévisibles. Et ennuyeux. Le duo fonce à Rome, où il s'incruste dans un groupe de marginaux variés. De road trip initiatique, le voyage d'Ulli et Edi va dès lors prendre une tout autre tournure, les menant jusqu'à Palerme, la prostitution, l'addiction aux drogues et la mafia sicilienne.

Ces deux mois de vie insensés, Ulli Lust les raconte vingt-cinq ans plus tard, dans une bande dessinée sans fard : la narration comme le style graphique adoptés sont aussi trashs, vifs et glauques que peuvent l'être les événements. Une recette efficace, qui permet une plongée ahurissante dans l'adolescence de l'autrice. Mais aussi au cœur d'une société où le patriarcat et la morale religieuse, aussi puissants l'un que l'autre, règnent sans partage. Souvent harcelées, sexualisées en permanence, Ulli et Edi ne sont que des proies aux yeux de la plupart des hommes qu'elles croisent, et elles en sont d'autant moins protégées qu'elles ont choisi un style de vie loin des normes. Le sexe, consenti ou non, est presque toujours une monnaie d'échange contre un repas ou un toit ; bientôt, il devient l'unique raison de l'intérêt qu'on daigne leur porter.

Sans morale ni mise à distance, rythmé et parfois même enjoué, jamais vulgaire en dépit des événements relatés : le récit d'Ulli Lust permet de se replonger à la hauteur des événements, vécus à un âge où la lucidité et la naïveté s'entrechoquent, et de mieux comprendre comment une descente aux enfers aussi vertigineuse fut possible. Un album dont la lecture ne peut laisser insensible.

***Trop n'est pas assez*, d'Ulli Lust, éditions Çà et là, 2010, 464 pages, 27 euros.**

Installée à Berlin depuis les années 1990, Ulli Lust a reçu le prix de la révélation 2011 au festival d'Angoulême pour cet album.

**NOURRIR le débat**
Depuis cinq ans, **La Revue Dessinée** édite ou coédite, sous la forme d'éditions spéciales et de livres, des enquêtes au long cours en bande dessinée sur des sujets d'utilité publique.

NOTRE BEST-SELLER

**À LIRE d'urgence**
Scandales d'État, enjeux environnementaux majeurs, coulisses des multinationales et de la politique, poids des lobbys… Des enquêtes édifiantes et éclairantes, à mettre entre toutes les mains.

## ASEYN
● COUVERTURE

Diplomé en Arts appliqués et en illustration à l'école Estienne, il a notamment publié *Le Palais de glace* (L'Employé du moi, 2012), et *Bolchoi Arena* avec Boulet (Delcourt, 2018). Il a collaboré à la série *Les Autres Gens* de Thomas Cadène, à *Libération* et au *Monde diplomatique*.

***aseyn***

## AURORE PETIT
● AU PIED DE LA LETTRE - P. 4

Diplômée des Arts déco de Strasbourg, elle a publié une vingtaine de livres illustrés, chez Les Fourmis rouges et Actes Sud Jeunesse.

***aurore.petit.dessine***

## SIMON GOUIN
▼ NORMANDIE - P. 6

Il tente de raconter le monde et ses enjeux à partir de la Normandie, où il a cofondé le magazine des histoires vraies Grand-Format. Temps long, reportages et enquêtes.

***grand-format.net***

## JEAN CREMERS
▼ NORMANDIE - P. 6

Diplômé de l'ESA Saint-Luc et des Beaux-Arts de Liège, lauréat jeunes talents à Quai des Bulles en 2020, il publie aux éditions Le Lombard et Glénat.

## ANNICK KAMGANG
◆ CINÉMA - P. 42

Franco-camerounaise, elle s'exprime par le dessin sur des sujets politiques, sociaux et culturels relatifs aux afrodescendantes et afrodescendants.

***annickkamgang***

## SIMON HENRY
▼ FIN DE VIE - P. 50

Journaliste indépendant, il travaille sur des sujets de société et d'environnement essentiellement dans le Nord-Pas-de-Calais. Il collabore avec des titres nationaux de presse écrite.

## MANON MUGNIER
▼ FIN DE VIE - P. 50

Autrice de bande dessinée, illustratrice et maquettiste, elle publie entre autres sur Mâtin, quel journal ! avec les éditions Dargaud ainsi que dans *Les Rues de Lyon*.

## JAMES
◆ LANGAGE - P. 78

Âge : trop. Poids : secret. Yeux : presbytie. Cheveux : de plus en plus épars. Arrivé sur le tard à la bande dessinée, il publie beaucoup depuis pour compenser.

## FÉRIEL NAOURA
◆ PHOTO - P. 82

Photographe, elle endosse aussi le costume d'iconographe, d'éditrice et de rédactrice. Elle a travaillé pour la revue de photojournalisme *6Mois*.

## ÉLISA GÉHIN
◆ PHOTO - P. 82

Passée par l'école Estienne et les Arts déco de Strasbourg, elle travaille pour l'édition et la presse jeunesse.

***elisagehin.fr***

## ANONYME
▼ INFORMATION - P. 84

Journaliste indépendant, il a travaillé dans un passé récent pour un site d'infotainment à large audience. Une expérience qu'il conte sous couvert d'anonymat, afin de protéger les différents protagonistes cités.

### JEAN-CHRISTOPHE MAZURIE
▼ INFORMATION - P. 84

Il commence à écrire des histoires et des bandes dessinées tardivement. Son dernier livre : *Torrents d'amour*, chez Delcourt (2020).

***jeanchristophemazurie***

### ARNAUD LE GOUËFFLEC
◆ MUSIQUE - P. 114

Il écrit romans, chansons et scénarios de bande dessinée, comme celui de *Les Vacances de Monsieur Léon,* avec Julien Solé, aux éditions Fluide Glacial, en 2024.

***arnaudlegouefflec.com***

### NICOLAS MOOG
◆ MUSIQUE - P. 114

Auteur de bande dessinée, son dernier livre, *True Stories of Nic & Matt*, réalisé avec Matthias Lehmann, est paru en 2024 aux éditions 6 Pieds sous terre.

***nicolasmoog.tumblr.com***

### AURORE GORIUS
▼ RODOLPHE SAADÉ - P. 122

Journaliste, elle privilégie enquêtes et récits au long cours, en particulier sur l'influence et les coulisses du pouvoir. Elle est l'autrice de plusieurs livres, dont *À l'oreille des politiques,* en binôme avec Vincent Sorel.

X ***AuroreGorius***

### VINCENT SOREL
▼ RODOLPHE SAADÉ - P. 122

Auteur de bande dessinée pour la presse et l'édition jeunesse. Il a publié *Chevaliers, moines et paysans*, avec Florian Mazel, (La Découverte/La Revue Dessinée, 2019), et *Les Aventures du Roi Singe* avec Stéphane Melchior (Gallimard, 2020).

***vincentsouel***

### CLAIRE RAINFROY
◆ DROIT DE SUITE - P. 150

Journaliste pigiste, un temps correspondante en Côte d'Ivoire, elle suit l'actualité ouest-africaine tout en s'intéressant aux sujets de société français.

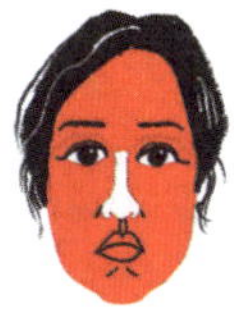

### SILKI
◆ DROIT DE SUITE - P. 150

Dessinatrice coréenne, elle écrit sur les discriminations. Sa série *Kimchi baguette* est publiée en ligne sur Mâtin, quel journal ! sur Instagram.

### MARTIN DELACOUX
▼ RIVIÈRES - P. 164

Journaliste, il travaille avec sa plume ou son micro. Il intervient aussi régulièrement dans les classes en éducation aux médias et à l'information, et il est légèrement obsédé par les montagnes.

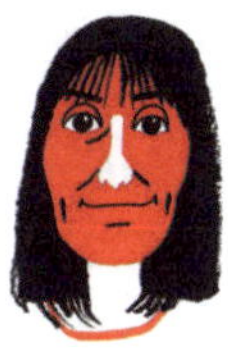

### VALENTINE DE LUSSY
▼ RIVIÈRES - P. 164

Dessinatrice, elle prête ses crayons pour la bande dessinée documentaire. En 2024, elle illustre son premier roman graphique, *Les Yeux fermés,* aux éditions Dupuis.

***valentinedelussy***

### CHRISTELLE GRANJA
◆ TERRITOIRES - P. 190

Elle réalise des documentaires et écrit sur l'art contemporain et sur la ville pour *Libération*, *Usbek & Rica* et *L'Architecture d'aujourd'hui*.

### LOUISE LABORIE
◆ TERRITOIRES - P. 190

Illustratrice et autrice de bande dessinée, publiée aux éditions Sarbacane. Fan de musique mélancolique et d'humour absurde.

***louise_laborie***

DESSINS : HERVÉ BOURHIS - MANON MUGNIER

**numéro 45**

**septembre • octobre • novembre 2024**

Date de parution
**4 septembre 2024**

Directeur de la publication
**Sylvain Ricard**

Rédaction en chef
**Amélie Mougey**
**Baptiste Bouthier**

Direction artistique
**Cat Gabillon**

Conception graphique
**Elhadi Yazi**

Maquette graphique
**Valentine Dossat**

Édition
**Fériel Naoura**

Rédaction
**Léone Laali**

Correction
**Nicolas Fresneau**
**Isabelle Bryskier**

Communication
**Pierre-Lou Quillard**

Coordination commerciale
**Marie Le Flahec**

Marketing
**Anaïs Benguigui**

Secrétaire général
**Jean-Philippe Salmon**

Administration
**Murielle Canta**

**Ont collaboré à ce numéro:**
Aurore Petit (Au pied de la lettre), Hervé Bourhis, Manon Mugnier (Auteurs • Autrices), Violette Ricard, Minna Filippi (Stagiaires)

**Abonnements :**
abo@larevuedessinee.fr
*La Revue Dessinée* est éditée par LRD SAS, SAS au capital de 4668€

**Rédaction:**
157, boulevard Macdonald, 75019 Paris
contact@larevuedessinee.fr

**Fondateurs:**
Franck Bourgeron, Sylvain Ricard et David Servenay

**Impression et façonnage:** Pollina, zone industrielle de Chasnais, 85407 Luçon Cedex
**Fabrication:** France Moline
Geoffrey Hallé, et Adrien Sinzot
**Diffusion:** Flammarion
**Distribution:** Union Distribution
**Commission paritaire:** 0924 D 91934
**Code commande:** 97EBBN001015.N001
**ISSN:** 2269-2606
**ISBN:** 978-2-382 640234
**Dépôt légal:** septembre 2024

PEFC 10-31-2065

Papier intérieur : Pologne 100% PEFC
Papier couverture : Espagne 83% PEFC
Taux de fibres recyclées : 0% - Impact sur l'eau : papier intérieur 0,02 kg/tonne, papier couverture 0,04 kg/tonne

LA REVUE DESSINÉE CONTIENT UN ENCART ABONNEMENT ET UN EX-LIBRIS (ABONNÉS).

ÉTIENNE DAVODEAU
LA FOLIE NAPOLÉON
DU 18 BRUMAIRE À WATERLOO
HISTOIRE DESSINÉE DE LA FRANCE
CLAIRE FREDJ
FABRICE ERRE
LA REVUE DESSINÉE · LA DÉCOUVERTE
PRINTEMPS DU PEUPLE
DES DERNIERS ROIS À MARIANNE
HISTOIRE DESSINÉE DE LA FRANCE
DAMIEN VIDAL
PAULINE LEMAIGRE-GAFFIER
RAHUL MARKOVITS
SIMON SPRUYT
LES ANNÉES LUMIÈRES
DE LA RÉGENCE AUX ÉTATS GÉNÉRAUX
DE PÉPIN LE BREF À HUGUES CAPET
ARNAUD-DOMINIQUE HOUTE
KIM CONSIGNY
PLACE À LA RÉPUBLIQUE
DE LA COMMUNE À LA BELLE ÉPOQUE
HISTOIRE DESSINÉE DE LA FRANCE
Retrouvez toute la collection en librairie
DEUX NOUVEAUX TOMES LE 26 SEPTEMBRE
Une coédition La Revue Dessinée et La Découverte

## L'UPPERCUT DE THIBAUT SOULCIÉ

Suivez notre actualité et ne manquez aucun dessin de la rédaction en vous abonnant à notre newsletter hebdomadaire.